国际经贸治理评论

Journal of Global Trade and Economic Governance

2020年　第4辑

张磊◎主编　应品广◎副主编

中国政法大学出版社

2021·北京

本书出版得到世界贸易组织讲席计划（WCP）、上海对外经贸大学贸易谈判学院、世界贸易组织讲席（中国）研究院、教育部国别和区域研究备案基地世界贸易组织（WTO）研究中心、上海高校智库国际经贸治理与中国改革开放联合研究中心的支持。

编 委 会

主　编：张　磊

副主编：应品广

编　委：（按姓氏拼音顺序排序）

龚柏华　贺小勇　胡加祥　孔庆江

李伟芳　宋晓燕　屠新泉　王海峰

杨国华　杨建锋　余敏友　周小康

改革开放是我国一项长期的基本国策。特别是加入世界贸易组织以来，我国坚定不移地以开放促改革，有力地推动了经济社会全面发展，取得了举世瞩目的辉煌成就，得到了世界贸易组织成员的普遍认可和国际社会的高度赞誉。但是，我国当前的改革开放也面临着新形势和新要求：从国内看，发展中不平衡、不协调、不可持续问题日益突出，一些深层次的体制机制矛盾日益凸显，重点领域和关键环节的改革亟待取得实质性突破；从国际看，全球经济治理出现新变革，同时世界经济风险明显增多，各种形式的保护主义抬头，国际环境愈趋复杂。更为重要的是，在当前国际经贸治理体系内，国际经济规则仍主要由发达国家主导制定，这与我国的经济体量不相匹配，也使我国的经济利益受到潜在的威胁。因此，如何在进一步改革开放中参与全球经贸治理，已经成为中国当前的重要课题。

在此背景下，"国际经贸治理与中国改革开放联合研究中心"（以下简称为"智库"）作为上海市教委支持设立的首批高校智库之一，于2013年在上海对外经贸大学正式成立。智库以中外合作为基础，以世界贸易组织讲席为学术支撑，集中了诸多国际组织和研究机构的研究力量。《国际经贸治理评论》（以下简称为《评论》）由智库经过精心筹备推出，旨在构建一个全新的观点交流平台，容纳来自不同领域的关于国际经贸治理的真知灼见，为我国实行更加积极主动的开放战略以及完善互利共赢、多元平衡、安全高效的开放型经济新体系并参与国际经贸治理献计献策。

本卷设置了"专题研讨""学术专论""国际比较""实务分析""学术动态"五个栏目。"专题研讨"部分共两篇文章，分别对中国外资准入阶段技术转让制度和中国海外投资保障制度进行了探讨："美国301报告视角下的中国外资准入阶段技术转让制度研究"借鉴美国301报告的外资准入阶段技术转让制度，对如何完善国内法和外国投资者投资技术转让审批制度，合理保护外国投资者的商业秘密和合法权利提出建议；"美国海外投资保障制度对我国的启示与借鉴"通过对美国海外投资保障制度分析，并与中国海外投资保障制度进行比较，学习借鉴国际上成熟的制度模式，从而更好地为中国企业"走出去"保驾护航。"学术专论"部分共三篇文章，分别探讨了基因发现可专利性的现存窘境、国际视角下中国制造业的优势与不足以及国际大豆价格波动影响因素——"突破基因发现可专利性窘境之路径探讨与我国机遇"对基因发现可专利性的现存窘境进行了研究，对相关的法律法规修改建言献策；"国际视角下的中国制造业优势与不足"在国际视角下对中国制造业的优势与不足进行了重新审视，着重分析了政府这只"看得见的手"在其中发挥的重要作用；"国际大豆价格波动影响因素的实证研究"则对国际大豆价格波动影响因素进行数据建模分析，寻找减轻大豆价格波动对我国经济影响的方法。"国际比较"部分共两篇文章，分别探讨了粤港澳大湾区市场一体化的障碍和中日对外直接投资的差异："粤港澳大湾区市场一体化：国际比较与法治路径"直面粤港澳大湾区市场一体化所面临的障碍，包括法治、货物流动、服务业合作及人员流动等因素，并与国际上的区域一体化进行比较，寻找相应的解决方案；"国际关系影响对外直接投资的中日比较分析——基于电脑编码事件数据的国际关系测度"则创新运用电脑编码事件数据对中日对外直接投资进行比较，从而找出中国对外投资的关键影响因素。"实务分析"部分的文章"我国电子游戏贸易的本地市场效应研究"专门针对电子游戏贸易的本地市场效应进行研究，通过拓展的引力模型，建立了一个融合人口规模、贸易自由度、文化差异、科技应用水平、研发投入等诸多变量的实证模型，验证我国电子游戏产品本地市场效应的存在性。"学术动态"部分对"2019国际经贸治理论坛"与会专家的观点进行了综述。[1]

最后，感谢所有作者为本卷的问世做出的辛勤耕耘。期待《评论》在社会各界的支持下越办越好！

张　磊　应品广

上海高校智库上海对外经贸大学

国际经贸治理与中国改革开放联合研究中心

---

〔1〕 本书大部分文章于2018年完成。

主编简介

张磊

世界贸易组织讲席（特聘）教授

上海对外经贸大学贸易谈判学院、世界贸易组织讲席（中国）研究院院长

上海高校智库国际经贸治理与中国改革开放联合研究中心主任

世界贸易组织（WTO）中国讲席特聘教授（WTO任命）、上海对外经贸大学贸易谈判学院院长、世界贸易组织讲席（中国）研究院院长、上海高校智库国际经贸治理与中国改革开放联合研究中心主任；教育部区域国别备案基地世界贸易组织研究中心主任。对外经贸大学世界经济专业、比利时布鲁塞尔自由大学法学博士生导师。

1997年获华东师范大学世界经济专业硕士学位，2000年获上海财经大学（一年在香港城市大学）产业经济学博士学位。先后入上海财经大学和中国社科院法学所博士后流动站。2011年获世界知识产权组织、国际劳工组织、意大利都灵大学知识产权法硕士（L. L. M in IP）学位，是世界知识产权组织培养的第一位中国高校教师。曾经先后任世界贸易组织秘书处、哈佛大学、瑞士洛桑大学及美国乔治城大学访问学者。担任世界知识产权组织仲裁员、联合国贸发会议虚拟学院协调人、联合国亚太经社理事会ARTNeT联络人、商务部经贸政策咨询委员会全球价值链专家、商务部企业知识产权海外维权援助专家、国家科技专家库专家和 *China and WTO Review* 期刊学术指导。主持国家社科基金重点项，国家自科基金应急项目，国家社科基金一般项目，商务部、教育部、上海哲学社会科学规划项目以及世贸组织总干事委托课题等多项，在权威核心期刊发表论文数十篇。研究方向为WTO、法经济学和知识产权。

应品广

上海对外经贸大学贸易谈判学院、世界贸易组织讲席（中国）研究院副院长

上海高校智库国际经贸治理与中国改革开放联合研究中心副主任

　　应品广，男，法学博士，上海对外经贸大学贸易谈判学院副院长、世界贸易组织讲席（中国）研究院副院长、上海高校智库国际经贸治理与中国改革开放联合研究中心副主任。先后在新加坡管理大学、澳大利亚昆士兰科技大学、比利时布鲁塞尔自由大学等国外大学担任访问学者，并曾挂职首届中国国际进口博览会，兼任中国服务贸易协会专家委员会副理事长、上海市法学会竞争法研究会副秘书长、亚洲竞争法协会理事、华东政法大学竞争法研究所兼职研究员、上海大学竞争生态研究中心顾问专家。主持完成国家社科基金项目1项和中国法学会部级课题1项，参与教育部、商务部等部级项目以及世界贸易组织和联合国贸易和发展会议等国际组织项目10余项，出版专著3部，合著3部，参编教材1部，发表中英文论文30余篇。研究专长为竞争政策与国际经贸治理。

目 录

CONTENTS

专题研讨

美国 301 报告视角下的中国外资准入阶段技术转让制度研究

刘 瑛[1] 刘正洋[2]

内容提要： 2018 年 3 月，美国贸易代表办公室（United States Trade resentative，以下简称为 USTR）正式公布了对华调查的 301 报告[3]。报告的第一项内容即围绕《与贸易有关的投资措施协议》（Agreement on Trade-Related Investment Measures，以下简称为 TRIMs 协议）中尚存争议的技术转让问题展开，并指责中国存在事实上的技术转让要求，充分体现了美国试图探索 301 条款在世界贸易组织（World Trade Organization，以下简称为 WTO）规则外适用空间的政治意图。目前，我国对于技术转让问题实行了准入前和准入后分别调整的"双轨制"，且在准入前技术转让审查上存在用语模糊、行政权力范围界定不清等问题。中国可以通过 WTO 争端解决机制和有效磋商解决限制 301 条款作用的发挥，同时通过完善国内法和外国投资者投资技术转让审批制度来减少准入阶段技术转让审批、扩大规则透明度、增加外国投资者的参与度、保障外国投资者救济权利，合理保护外国投资者的商业秘密和合法权利。

关键词： 301 条款 技术转让 外资保护

---

〔1〕 刘瑛，武汉大学国际法研究所、法学院教授、博导，邮箱 lilyying@ whu. edu. cn。

〔2〕 刘正洋，武汉大学国际法研究所、法学院国际经济法专业研究生。

〔3〕《基于〈1974 年贸易法〉第 301 节对中国实施的与技术转让、知识产权保护与革新有关的做法、政策和实践的调查结果》（Findings of the Investigation into China's Acts, Policies, and Practices Related to Technology Transfer, Intellectual Property, and Innovation under Section 301 of The Trade Act of 1974，以下简称为 301 报告）。

2018 年 3 月，USTR 公布了 301 报告，由于技术转让问题是近年来中美贸易摩擦中的核心问题，此次 301 报告在一开始即围绕中国对美在华企业的不公平技术转让管理体制（China's Unfair Technology Transfer Regime for U. S. Companies in China）问题展开论述。在这一背景下，如何重新认识 301 条款以及 301 报告中所涉技术转让问题，并基于此对此次 301 调查如何进行有效应对，成为亟待解决的问题。

一、301 报告技术转让部分的出台背景

技术转让要求是国际投资领域中东道国对外投资履行要求的一种，对其具体含义，学界尚有争议。结合履行要求的概念和技术转让本身的内涵，可将技术转让要求定义为：东道国为维护其国际直接投资流入的利益，对准入阶段或运营阶段的外国投资明确或隐含地设定的向东道国转让技术、生产工艺或其他专有知识的法律法规或政策。[1]从技术转让的概念不难看出，技术转让的目的不仅在于设置投资准入门槛，以保护本国产业，更在于以东道国市场开放换取投资者的先进技术。这也是技术转让区别于其他投资准入管制措施的重要特征。

此次 301 报告备受关注的原因之一在于其首次采用单边制裁方式强制推行禁止技术转让要求的规则。由于此类规则尚未在整个国际法律实践中完全确立，而中国和美国作为世界两大经济实体，又代表了发展中国家与发达国家对技术转让问题的不同立场，此次 301 报告中所涉技术转让问题的解决，势必对国际投资领域关于技术转让问题的法律实践产生重大影响。

（一）技术转让的国际法律规制

目前国际领域的技术流动基本由发达国家流入发展中国家，这也使得二者对于技术转让问题的态度截然不同。发展中国家认为，根据国家主权学说，一国可以对本国境内的经济活动进行引导、管理和控制；而发达国家则认为，以技术转让要求为代表的履行要求是政府对市场的一种不合理干预，干扰了投资者依据自己的目标和市场需要作出投资决策、进行经营的权利。[2]观点的对立导致无法达成技术转让要求的国际统一规则。

也因此，目前对技术转让的国际法律规制主要依赖双边或多边投资（贸易）协定。

---

〔1〕 参见黄振中、董瑞："论国际投资中的履行要求禁止规则"，载《中国青年政治学院学报》2010 年第 2 期。

〔2〕 参见黄振中、董瑞："论国际投资中的履行要求禁止规则"，载《中国青年政治学院学报》2010 年第 2 期。

以《北美自由贸易协定》（North America Free Trade Agreement，以下简称为 NAFTA）为例，该协定在第 1106 条第 1 款即从整体上禁止各成员国对他成员国或非成员国的投资施加包括技术转让要求在内的履行要求，且这一条的适用范围已经覆盖到准入后的管理和经营方面。[1]同时，素来以"高标准"著称的《跨太平洋伙伴关系协定》（Trans-Pacific Partnership Agreement，以下简称为 TPP 协定）也在第九章投资的第 9.9 条业绩要求的第 1 款（f）项中禁止缔约方强制要求其领土内的投资者向其领土内的人员转让特定技术、生产方法或其他专有知识。[2]可见，在促进国际投资自由化的背景下，对于技术转让要求的有效规制已成为投资（贸易）协定的重要内容。

（二）禁止技术转让要求下的中美贸易摩擦

技术转让问题一直是中美贸易摩擦的主要原因之一。美国作为世界最大的经济体，一直是世界最主要的资本输出国之一。在这一背景之下，美国一直力推禁止技术转让要求的规则，以保证美国企业海外投资的自主权。美国主要通过其对外签订的双边和区域投资（贸易）协定对技术转让要求进行规制。如上述，NAFTA 规则早在 1994 年就将包括技术转让在内的履行要求纳入规制范围内，而 1994 年版、2004 年版和 2012 年版的《美国双边投资条约范本》（U.S. Model BIT，以下简称为《美国 BIT 范本》）也基本沿袭了 NAFTA 的这一规定。[3]

中国在改革开放之初，为了引进国外先进技术，曾通过各种优惠措施鼓励外国投资者以技术出资。例如，1986 年的《国务院关于鼓励外商投资的规定》即通过免税、优先提供贷款等方式鼓励外商以技术出资设立中外合作企业、中外合营企业。这种做法因将外商独资企业排除在外而有强制技术转让之嫌，因此受到包括美国在内的资本输出国的质疑。随着 2001 年中国加入 WTO，中国对涉外经济法律法规进行了全面清理，对其中与世界贸易组织规则和中国入世承诺不符的内容进行了修订，取消了涉及技术转让等方面的强制性要求。[4]同时，从国际条约的角度看，我国目前与外国订立的双边投资（贸易）条约已经开始纳入禁止技术转让要求的规则。这些规则目前只规定在 2012 年签订的《中日韩投资协定》第 7 条第 2 款和 2015 年签订的《中韩自由贸易协定》第十二章投资第 12.7 条禁止性业绩要求第 2 款中。[5]由于《中国入世议定书》并未对禁止技术转让规则作出明确承诺，且中国在国际投资领域正经历从资本输

---

[1] NAFTA 第 1106 条第 1 款规定："禁止一成员国对另一成员国或非成员国的投资施加履行要求，包括在投资的设业、取得、扩展、管理和经营运作方面实施的履行要求。"

[2] TPP 协定第 9.9 条第 1 款（f）项规定："缔约方均不得对一缔约方或一非缔约方的投资者在其领土内的投资，在设立、获取、扩大、管理、经营、运营、出售或其他处置方面，强加或强制执行下列要求，或强制要求其进行下列承诺或保证：（f）向其领土内的人员转让特定技术、生产方法或其他专有知识。"

[3] 参见韩静雅："技术转让要求规制新趋势下的中国因应"，载《广东社会科学》2017 年第 3 期。

[4] 转引自"陈德铭就所谓'强制性技术转让'等问题接受彭博新闻社书面专访"，载 http://www.mofcom.gov.cn/article/ae/ai/201202/20120207959737.shtml，最后访问日期：2018 年 5 月 21 日。

[5] 《中日韩投资协定》和《中韩自由贸易协定》均规定：任何缔约方均不得在其领土范围内，就技术出口或技术转移的业绩要求，对另一缔约方投资者的涵盖投资采取不合理或歧视性措施。

入国向资本输出国的角色转换，应当适时调整我国的投资准入及监管规则，逐步纳入禁止技术转让要求的规则以给予企业更大范围的自主权。

自 2008 年起，中美之间就订立《中美双边投资协定》开始谈判，禁止技术转让要求的规则、负面清单制度等都是该谈判所涉及的重要内容。然而，由于双方对某些问题的意见分歧较大，该协定历经近 10 年共 20 轮谈判依然没有订立。这也使得美国在技术转让问题上很难在条约层面对中国进行有效牵制。基于此，美国于 2018 年对华启动 301 调查，一方面借此对即将开始的新一轮《中美双边投资协定》谈判施压，另一方面也旨在希望通过单边制裁的方式迫使中国扩大投资自由化程度。

由此可见，美国通过 301 调查方式解决中国的技术转让问题，充分体现了 301 条款本身的扩张性及其在 WTO 规则外的广泛适用性。在应对此次调查时，中国既要考虑如何以有效方式扼制 301 条款的进一步扩张，也必须在国内法上进一步完善技术转让制度，以保证市场机制在技术转让领域的充分发挥。

二、美国 301 报告中的外资准入技术转让解析

301 报告的依据是 301 条款。301 条款并非单一条款，而是指美国《1974 年贸易法》第 301 节，其包含了该法第 301 节至第 310 节的全部内容，后经《1984 年贸易与关税法》和《1988 年综合贸易与竞争法》的修改和扩充，形成了现在内容丰富而严密的 301 条款。[1] 虽然因为在 WTO 机制中受挫，[2] 301 条款已沉寂多年，但 USTR 基于该条款对其他国家所做的调查依然在继续。特别是在作为 WTO 规则重要组成部分的 TRIMs 协议并未将强制技术转让列入禁止范围内的情况下，[3] 美国通过 301 条款对华展开技术转让问题的调查，充分说明了美国试图在 WTO 规则外拓展 301 条款适用空间的意图。

（一）301 条款的特点和发展趋势

1. 运行机制上的强烈政治性

一般而言，301 调查包括观察阶段和单边制裁阶段。以特别 301 调查为例，[4] 在观察阶段，USTR 需要根据《1988 年综合贸易与竞争法》第 1303 节所规定的标准，将被观察国家列入重点观察名单（Priority Watch List）、观察国家名单（Watch List）抑或不列入观察名单。倘若通过调查发现被调查国家满足《1974 年贸易法》第 301 节规定的条

---

〔1〕 参见靳也："'301 条款'在 WTO 多边体制外的复苏——基于美国对华贸易调查的法律分析"，载《南昌大学学报（人文社会科学版）》2018 年第 1 期。

〔2〕 在"美国—301 条款"案中，WTO 争端解决机构对美国基于 301 条款对 WTO 成员方进行调查的权力作出了明确限制，本文将在后文详细介绍。

〔3〕 有学者从该协定的概括性列举中推断，一旦某种技术转让要求在具体案件中被认定具有扭曲贸易的效果，则也应当属于禁止之列。具体观点参见刘笋："技术转移要求、投资鼓励与国际投资环境的关联关系—结合 WTO 贸易与投资关系工作组的研究报告和晚近国际投资立法进行分析"，载《政法论坛（中国政法大学学报）》2004 年第 3 期。

〔4〕 特别 301 调查是指，USTR 基于《1988 年综合贸易与竞争法》对被调查国家知识产权保护问题所作调查。

件，则 USTR 可以单方面启动制裁权力对被调查国家进行制裁。[1]但通常情况下，USTR 一般不会直接启动单边制裁措施，而是通过与被调查国家进行磋商、谈判的方式化解贸易争端。这主要是由于 301 条款的主要目的在于通过谈判获取被调查国家更大范围内的开放，而一旦直接诉诸单边制裁，虽然短期内可以保护美国本国经济，但并不利于维护美国在其对外贸易中的优势地位。

2. 程序上被严格限制，适用空间依然广阔

WTO 成立后，日本和欧盟先后就美国 301 条款诉至 WTO 争端解决机构（Dispute Settlement Body，以下简称为 DSB），并取得了一定成效，使 301 条款在近 20 年内处于"休眠"状态。1995 年 5 月 17 日，日本将美国依据 301 条款作出的针对日本汽车的追加进口罚款措施提交 DSB 解决。但同年 6 月，由于美国与日本就汽车零件同类产品问题达成协议，[2]日本于 6 月 19 日的 DSB 会议上宣布撤回起诉。自此 301 条款所遇到的第一次 WTO 规性挑战被日本的妥协所化解。[3]

1998 年为报复欧盟对美香蕉进口限制，美国再度启动 301 条款对欧盟进行调查，并对欧盟成员国价值 5.2 亿美元的产品征收 100% 的惩罚性关税。11 月 25 日，欧盟就《1974 年贸易法》第三标题第一章（从第 301 节至第 310 节）特别是第 305 节和第 306 节提交 DSB 解决。[4]欧盟认为，301 条款第 305 节和第 306 节对 USTR 作出单边决定和贸易制裁设置严格的时间限制，使得美国无法根据 DSB 实施建议采取措施，因而该条款与 WTO 规则不符。[5]对此，专家组认为，虽然从条文本身看 301 条款有违 WTO 规则，但由于美国已经通过"行政行动声明"（Statement of Administrative Action）承诺使 USTR 基于 301 条款发起的调查严格遵守《关于争端解决规则与程序的谅解》（Understanding on Rules and Procedures Governing the Settlement of Disputes，以下简称为 DSU）的规则，因而从"非法律因素"（non-statutory elements）的角度而言，301 条款并不违反 WTO 规则。但同时，专家组也指出 DSB 对 USTR 所进行的调查的允许是有条件的，即美国必须在 WTO 规则允许的范围内进行调查。[6]

虽然 DSB 的裁决结果限制了美国 301 条款的实施，但该裁决本身也是不彻底的。一方面，此次裁决主要针对 301 条款中的程序性问题，并未涉及 301 条款授权 USTR 采取单边报复措施的正当性问题。由于 301 条款的调查对象涉及被调查国家的国内法，承认 301 条款的有效性就在事实上承认了美国法对于其他国家法律的优先性，这不仅违反了各国法律平等这一国际法基本原则，也集中反映了美国的经济霸权。另一方面，

---

[1] USTR 的制裁权可分为强制制裁权和裁量制裁权，但任何一种制裁权的启动都需要满足《1974 年贸易法》的规定，从历史上看，裁量制裁权是 USTR 制裁的主要权力启动方式。

[2] 参见［日］石黑馨："国际通商交涉と制裁の威嚇"，载《国民经济雑誌》第 190 卷（笔者译）。

[3] 参见［日］石黑馨："国际通商交涉と制裁の威嚇"，载《国民经济雑誌》第 190 卷（笔者译）。

[4] See Panel Report, United States – Sections 301-310 of the Trade Act of 1974 (US – Section 301 Trade Act), WT/DS152/R, adopted 27 January 2000, DSR 2000：II, p. 815, para. 1. 2.

[5] See Ibid, para. 1. 4.

[6] See Ibid, para. 7. 98-7. 141.

301 条款对 WTO 规则的服从是有条件的，即当美国主张其基于 WTO 规则所享有的利益受损而对其他国家进行调查时，其程序才受制于 WTO 规则。然而，由于 WTO 规则所构建的多边贸易体制牵涉利益众多，规则演进较缓慢，难以纳入一些新兴的国际经济法律问题，令 301 条款在 WTO 规则外有着广阔的适用空间。[1] 而此次对华 301 调查，美国一直强调其所指的是 WTO 规则外利益的受损，这也充分体现了美国突破 WTO 规则对 301 调查实施限制的意图。

3. 调查范围的不断扩大

从 2005 年至 2018 年，中国已连续 14 年被 USTR 列入特别 301 报告的优先观察名单之中。从已公布的 14 份特别 301 报告来看，USTR 的调查范围在逐渐扩大。以技术转让问题为例，2010 年以前的特别 301 报告主要关注盗版（Piracy）、仿制（Counterfeiting）及中国知识产权执法（Intellectual Property enforcement）的问题，而对技术转让问题并无涉及。2010 年 USTR 首次将市场准入（Market Access）与知识产权保护结合起来，认为中国的市场准入障碍带有侵犯电影、电视游戏、书籍等产品知识产权的动机，并将消费者引入黑市。[2] 2012 年 USTR 开始将 "市场准入和技术使用" （Market Access and Technology Use）作为单独的一节，列入对中国知识产权保护调查的范围内，这标志着 USTR 正式开始在外资准入层面关注中国的技术转让问题。从 2013 年起，USTR 确定了 "技术转让"（Technology Transfer）这一调查对象，[3] 并连续 6 年对这一问题进行调查。在报告中，USTR 一直强调中国所采取的与技术革新有关的政策及其他产业政策，可能对美国出口、美国投资者及其投资产生消极影响。[4] 可见，USTR 对基于 301 条款所作的调查有极大的自由裁量权，可以将国际经济事务中的新兴问题纳入具体调查范围之中，这也是 301 调查的范围不断扩大的重要原因。

（二）301 报告中的外资准入阶段技术转让问题

如上述，美国对于中国技术转让问题的调查已持续多年，此次 301 报告更是将技术转让问题列为第一项调查内容，可见其对该问题的重视程度。但是，此次 301 报告并未使用强制技术转让这一概念，而是采取了被要求的或受到压力的技术转让（required or pressured technology transfer）的说法。这一用语的变化是因为 301 报告并未针对中国国内规则中某项具体制度，而是针对既有规则下所带来的技术转让的可能性。基于此，301 报告一开始即指出中国外资准入规则中对技术转让产生重要影响的两项核

---

[1] 例如，美国与许多国家订有区域贸易协定，而区域贸易协定所涉内容与 WTO 规则并不完全重合，在这一范围内美国即可启动 301 条款对相关国家进行调查而不受 WTO 规则的约束。

[2] See 2010 Special 301 Report, prepared by the Office of the United States Trade Representative, released on April 30th, 2010, p. 21.

[3] See 2013 Special 301 Report, prepared by the Office of the United States Trade Representative, released on May 1st, 2013, p. 36.

[4] See 2016 Special 301 Report, prepared by the Office of the United States Trade Representative, released on April 27th, 2016, p. 31.

心因素：第一，外资所有权限制；第二，行政许可和审批程序。

1. 外资所有权限制下的技术转让问题

外资所有权限制主要包括企业形式要求和外资持股比例限制。外国企业在华投资可以采取中外合资、中外合作或外商独资的企业形式。[1]但中国的《外商投资产业指导目录》则要求美国企业在特定产业部门投资时，必须与中国企业合作、合营。在这些产业中，由于中国的国内规则要求在采取合作、合营[2]形式进行投资时，外资必须被限定在一定水平内，这使得中国企业对该合营企业保有可控权益（controlling interest）。[3]

以汽车制造业为例，在这一产业中，中国广泛采用了"长安模式"（Changan Model）。原来的长安公司是指重庆长安汽车股份有限公司，该公司是一家国有公司，并由国务院国有资产监督管理委员会通过中国南方工业集团公司控股。由于《外商投资产业指导目录》规定，汽车整车制造的外方持股不得超过 50%，所以原长安公司与美国汽车制造商各出资 50% 建立起新的合营企业。原长安公司通过合营的方式，获得美国的汽车制造商的核心技术并使之本土化。而这种方式被我国国务院发展研究中心所肯定，认为其通过"技术引进、技术消化和二次创新"的方式为实现对外国先进技术的"引进、消化、吸收、再创新"提供了借鉴。

可见，迫于中国国内规则的要求，外商为进入特定领域只得与中国企业合作，采取合作或合营的模式。但由于持股比例的限制，外方无法对合作或合营后的企业进行有效控制。同时，由于与外方合作的企业多为国有企业，在具体合作中企业与政府关系不明，外国投资者在投资过程中受到了来自政府与企业技术转让要求的双重压力。而中方企业则通过获得了外方的先进技术，并在此基础上进行了创新。[4]301 报告特别指出，这种技术转移压力不仅出现在传统部门中，也出现在被列入《中国制造 2025》的高新技术产业部门中。[5]

2. 行政审查与许可程序中的技术转让问题

中国保持着多种行政审查与许可程序，要求企业必须在中国市场建立、运行，或提供产品、服务前，接受行政审查并获得许可。由于用语的模糊性为政府提供了自由裁量的空间，[6]这种自由裁量权可以被政府用来要求外国投资者进行技术转让要求或

---

〔1〕 See Findings of the Investigation into China's Acts, Policies, and Practices Related to Technology Transfer, Intellectual Property, and Innovation under Section 301 of The Trade Act of 1974（301 Report），prepared by the Office of the United States Trade Representative, released on March 22th, 2018, p. 23, footnote 121.

〔2〕 合营企业即中外合资企业，《中外合资企业法》第 1 条采用了这种说法，因而合营企业是法律上对中外合资企业的简称。

〔3〕 See 301 Report, p. 30.

〔4〕 See 301 Report, p. 30.

〔5〕 See Ibid, p. 27.

〔6〕 See 301 Report, p. 36.

因交易不同施加不同的条件，以取得在中国经营的许可证。[1]

以云计算（could computing）[2]产业为例，中国已经将云计算列入优先发展部门，努力提高其本土云计算能力，并规划于 2020 年在该领域取得核心技术本土化的系统性突破。有调查表明，中国政府使用与许可相关的实践及政策在监管用语上的模糊性使中国云计算产业受益，并迫使外国企业进行技术转让。首先中国通过许可外国投资者与已获准的中国云计算服务提供者进行合作的方式，使外国投资者获得市场准入资格。一旦在这些合作中植入关键技术和专有技术（know-how），中国将在合同审批时，利用监管用语上的模糊性使合同安排利于中国合作方，最终完成技术转让。[3]由于中国的这些领域对美国投资者的开放是有条件的，美国技术提供者只能通过与中国企业的合同安排获得市场准入许可。[4]

综上所述，301 报告意义上的技术转让并非是中国外资准入规则中的某项具体规则，而主要是在既有外资准入规则下的隐含技术转让要求。一方面，我国目前普遍实施吸收引进外来技术，并在此基础上进行转型升级的技术革新模式；另一方面，在现行规则下，行政审查与许可制度的不透明性可能带来技术信息泄露的风险。概括而言，此次 301 报告所指技术转让主要包括以下方面：第一，持股比例限制带来的技术转让压力；第二，明确规则欠缺导致的不公平技术转让；第三，技术审查过程中的技术信息泄露。

（三）301 报告中外资准入技术转让部分简评

1. 实质上提出了事实上的技术转让要求

在国际经济法上，对于国内法中的限制性措施存在法律上（de jure）和事实上（de facto）的区分。法律上的限制性措施是指在法律上明确对某些事项作出限制，而事实上的限制性措施则是虽然在法律上并未对该事项进行限制，但基于采取该措施国家国内的实际情况，认为该规则的实行必然会使得这些事项因为该规则的存在而受到限制。以 WTO 规则为例，在"加拿大—汽车"案中，专家组认为《1994 年关税与贸易总协定》（General Agreement on Trade and Tariff 1994，以下简称为 GATT1994）第 1.1 条所规定的非歧视原则既包括法律上的歧视也包括事实上的歧视，[5]这一观点也得到

---

〔1〕 See Ibid, p. 39.

〔2〕 云计算是一种按使用量付费的模式，这种模式提供可用的、便捷的、按需的网络访问，进入可配置的计算资源共享池（资源包括网络、服务器、存储、应用软件、服务），这些资源能够被快速提供，只需投入很少的管理工作，或与服务供应商进行很少的交互。

〔3〕 See 301 Report, p. 40.

〔4〕 See Ibid, p. 41.

〔5〕 See Panel Report, Canada – Certain Measures Affecting the Automotive Industry (Canada – Autos), WT/DS139/R, WT/DS142/R, adopted 19 June 2000, as modified by Appellate Body Report WT/DS139/AB/R, WT/DS142/AB/R, DSR 2000：VII, p. 3043, paras. 10. 38 and 10. 40.

了上诉机构的支持。[1]在"欧盟—香蕉"案Ⅲ中，上诉机构认定《服务贸易总协定》第 2.1 条所规定的最惠国待遇原则既包括法律上的歧视也包括事实上的歧视。[2]

如上述，此次 301 报告并未明确指出中国法上的哪些具体规则对技术转让作出了明确要求，而是就既有规则形成的实际技术转让压力问题展开分析。由于"法律上的"关注规则本身，而"事实上的"侧重于形式公平的规则在实施中的正当性问题，这种提法充分表明美国对技术转让要求的法律规制已从形式层面转向实质层面，以给予美国在华投资最充分的保护。然而，尽管 301 报告实际上指责的是事实上的技术转让要求，但 USTR 并未明确指明事实上的技术转让要求这一概念。这一方面是由于"事实上的"证明标准比"法律上的"证明标准较高；另一方面也是因为此次 301 报告的目的是证明压力的存在进而启动单边制裁措施，而无意纠缠于概念。

2. 没有释明限制技术转让的权利基础

从 301 条款本身所规定的单边制裁措施启动要求来看，这种做法似乎是没有问题的。虽然《1974 年贸易法》第 301 节（b）规定了以裁量方式（discretionary actions）启动单边制裁权，USTR 必须证明被调查国家的做法、政策或实践是不合理的（unreasonable）或歧视性的（discriminatory），同时这种不合理的做法、政策或实践加重了美国贸易的负担（burden）或限制（restrict）了美国贸易的发展，但因为该法第 301 节（d）（3）（A）只给出了判断外国做法、政策或实践不合理的两种方式，即在不必要的情况下侵犯或违反美国的国际法权利和以其他方式不公平（unfair）、不正当（inequitable），而对不公平、不正当的做法、政策或实践并不要求美国对被调查国家享有权利。

由此，尽管美国因 TRIMs 协议和中国的《入世议定书》均未将强制技术转让列入禁止范围内，[3]而不对中国享有禁止强制技术转让的权利，但 USTR 依然可以认为包括外资持股比例限制和行政审批在内的中国技术转让管制制度，要求或强迫美国企业将技术信息转让给中国企业，并导致了与中国企业在美运行不对等的机会，符合 301 条款关于"不合理的"的认定。[4]同时，USTR 指出，由于技术在美国经济中所占比重巨大，中国要求或向技术转让施压的做法、政策和实践破坏了美国企业知识产权的价值，削弱了其国际竞争力并阻碍其对于技术革新的投资，加重了美国贸易的负担，并限制了美国贸易的发展。[5]从 301 报告的论证不难看出，虽然 301 条款规定了 USTR 启动单边制裁措施的条件，但这些条件的用语却十分宽泛，有着极大的解释弹性。而

［1］ See Appellate Body Report, Canada－Certain Measures Affecting the Automotive Industry, WT/DS139/AB/R, WT/DS142/AB/R, adopted 31 May 2000, p. 27, para. 86.

［2］ See Appellate Body Report, European Communities－Regime for the Importation, Sale and Distribution of Bananas, WT/DS27/AB/R, adopted 9 September 1997, p. 99, para. 234.

［3］ 事实上，将强制技术转让纳入禁止范围主要见于美国、日本、加拿大等发达国家对外缔结的双边投资（贸易）协定，参见何艳："双边投资协定中的技术转让履行要求禁止规则研究——兼论我国在中美双边投资协定谈判中的立场"，载《当代法学》2014 年第 4 期。

［4］ See 301 Report, p. 45.

［5］ See Ibid, p. 47.

这种弹性不仅赋予了 USTR 极大的自由裁量权，同时也为各国防范 301 条款的威胁带来了更大的挑战。

3. 以对等机会强调技术转让的不合理

此次 301 报告引入了对等机会（reciprocal opportunities）这一概念。这主要是由于《1974 年贸易法》第 301 节（d）（3）（D）要求 USTR 在运用不公平、不公正这一方式判断不合理时，应当考虑到外国自然人和公司在美所享有的对等机会。USTR 在调查中发现，中国对于美国在华企业的技术转让要求构建了不对称的市场竞争环境，而中国公司在美国却未受到同样的限制。[1]同时，根据 OECD 的调查，2016 年，中国在全部 63 个最严格经济管制的 OECD 成员方和非成员方中排名第四，而中国的经济管制严格指数是美国的 3.7 倍。[2]所以 USTR 认为中国并未给予美国企业对等机会。

此次 301 报告反映出中美对于"对等"（reciprocal）这一概念在认识上的分歧。对于美方而言对等强调相同，而中方则认为对等即互惠（mutual benefits）。事实上，"对等与互惠"这一对概念在 GATT 1994 的序言中即已出现。[3]中国在翻译时，将"reciprocal and mutually advantageous arrangements"译为"互惠互利安排"。然而在英文语境中"reciprocal"和"mutually"是有差别的。根据《牛津高阶英汉双解词典》（第 7 版）的解释，"reciprocal"是指"两个人或两个群体以相同的方式对待彼此"（involving two people or groups who agree to help each other or behave in the same way to each other）；[4]而"mutually"则是指"由两个或更多的人平等地感觉到或做到"（felt or done equally by two or more people）。[5]虽然在国际经济事务中，由于各国实际情况的差异，很难做到互惠关系的绝对一致，但可以确定的是"reciprocal"所确定的互惠关系一定高于"mutually"。

在论证中，USTR 以中美外资准入机会的不对等确定中国相关规则的不公平性，意欲使中国的外资准入制度适用美国标准。但必须注意的是，第 301 节（d）（3）（D）只是要求 USTR 在论证时考虑到（take into account）对等机会问题，换言之，机会的不对等并不是判断具体规则是否合理的直接因素。而 301 报告通过对等机会问题直接判断中国国内规则的不合理，在其国内法上也存在问题。

三、中国的应对之策

面对美国基于 301 报告作出的单边贸易制裁，我国应当在充分分析报告内容的基

---

〔1〕 See Ibid, p. 45.

〔2〕 See Ibid, p. 44.

〔3〕 GATT1994 序言规定："Being desirous of contributing to these objectives by entering into reciprocal and mutually advantageous arrangements directed to the substantial reduction of tariffs and other barriers to trade and to the elimination of discriminatory treatment in international commerce."

〔4〕 ［英］霍恩比：《牛津高阶英汉双解词典》，王玉章 等译，商务印书馆、牛津大学出版社 2009 年版，第 1657 页。

〔5〕 ［英］霍恩比：《牛津高阶英汉双解词典》，王玉章 等译，商务印书馆、牛津大学出版社 2009 年版，第 1323 页。

础上，充分利用国际规则保障我国的国际利益。同时，通过积极对话探索抑制 301 调查启动的有效机制。

（一）综合运用国际规则维护中国利益

面对美国回归单边贸易保护主义措施，中国已多次声明坚定维护多边贸易体制、积极参与全球经济治理的立场。基于此，2018 年 4 月 4 日商务部表示，中国就美国对华 301 调查项下的征税建议在世贸组织争端解决机制下提起磋商请求，正式启动世贸组织争端解决程序。[1]这是中国历史上首次通过多边贸易体制回应美国的 301 调查，也是中国维护多边贸易体制的重要表现。由于 WTO 争端解决机制的裁决结果对各成员方具有强制拘束力，在此次磋商中中国应当探寻约束美国 301 条款运用的长期有效的解决方式。

美国可能认为中国在外国投资者准入阶段的技术转让要求违反 TRIMs 协议。TRIMs 协议在第 2 条对国民待遇和数量限制作了原则性规定，继而又在附件中列出了 5 种禁止性措施，但技术转让要求并不在这 5 种禁止性措施之列。这就产生了技术转让要求应否被认定为属于 TRIMs 协议第 2 条原则性规定范围内的问题。

若答案是肯定的，中国的技术转让要求已然使得美国在 WTO 体系内所享有的利益受损。则根据 GATT1994 第 23.1 条（a）和 DSU 第 6.1 条的规定，DSB 对该案享有强制的、排他的管辖权。此时，美国应当在论证技术转让要求为 TRIMs 协议所禁止的基础上，根据 WTO 规则的具体标准，证明 301 报告所言中国的技术转让要求违反了该协议，而不应绕过 WTO 争端解决机制，直接启动单边制裁。若答案是否定的，则 301 所言中国的技术转让要求在 TRIMs 协议的范围内是被允许的。倘若美国仍然认为中国的技术转让要求使其在 WTO 规则内所享利益受损，则根据 GATT1994 第 23.1 条（b），美国应向 DSB 提起非违反之诉（non-violation complaint）[2]。因此无论 301 报告中指责的中国的准入阶段技术转让是否违反 TRIMs 协议，根据 WTO 规则，美国都应首先在多边框架下寻求解决。而且 1996 年美国曾向 WTO 作出承诺，对于任何基于美国在乌拉圭回合文件中利益减损所做的调查，USTR 均应援引 WTO 争端解决程序。[3]

倘若美国不向中国主张其在 WTO 规则下利益的减损，在 TRIMs 协议和中国《入世议定书》均未禁止技术转让要求的情况下，美国直接采取单边制裁，可能构成国际法上的国际不法行为。此时中国可以就此采取相应的反制措施。根据《国家对国际不法

[1] 参见"商务部新闻发言人就中国在世贸组织起诉美国 301 征税建议措施发表谈话"，载 http://www.mofcom.gov.cn/article/ae/ag/201804/20180402728557.shtml，最后访问日期：2018 年 5 月 17 日。

[2] 非违反之诉是指当一成员方实施了某项措施，并致使另一成员方依照 WTO 协定而合理预期的利益受到抵消或损害时，即使该项措施并没有违反 WTO 协定，利益受到抵消或损害的成员方仍然有权依照 WTO 争端解决程序提起申诉。

[3] See Trade Policy Review Body-11 and 12 November 1996-Trade policy review-United States-Minutes of meeting-Addendum, WT/TPR/M/16/Add.1, 原文为"Neither section 301 nor the DSU will require the Trade Representative to invoke DSU dispute settlement procedures if the Trade Representative does not consider that a matter involves a Uruguay Round agreement"。

行为的责任条款草案》第 1、2 条的规定，当一国以作为或不作为的方式违背其国际义务时，该国应当对其国际不法行为负责。而如上述，美国通过其国内法，在中国并未违背其相关国际义务的情况下，对中国进行单边制裁，故中国可据该草案第二章的规定，采取反制措施。同时，《中华人民共和国对外贸易法》（以下简称为《对外贸易法》）第 47 条[1]也为反制措施的采取提供了国内法依据。但必须注意的是，基于维护多边贸易体制的考虑，我国在采取具体反制措施时，应当充分考虑相关国际、国内规则与 WTO 规则的关系，在不违反 WTO 规则的前提下进行。

（二）鼓励受制裁企业赴美诉讼

通常情况下，USTR 不会直接启动单边制裁措施。然而，基于此次 301 调查而启动的单边制裁措施却愈演愈烈。[2]这一方面是由于近年来中美贸易中中国持续的贸易顺差冲击了美国经济，另一方面则是中美全方位竞争态势所致。除中国政府诉诸 WTO 争端解决机制之外，中国的受制裁企业亦可采取赴美诉讼的方式寻求救济。

《美国法典》（United States Code）第 1581 节为外国私人对美国政府、政府机构及工作人员向美国国际贸易法院（United States Court of International Trade，以下简称为 USCIT）寻求救济提供了可能。就此次 301 调查而言，由于 USTR 所公布的惩罚性关税属于该法第 1581 节第（i）（2）项所规定的"非为增加财政收入的目的而对进口商品征收的关税、税、费或其他税"，因而属于 USCIT 的管辖范围。从历史上看，Gilda Industries, Inc. v. United States 和 Almond Bros. Lumber Co. v. United States 都是依据此项规定针对美国 301 调查向 USCIT 提起诉讼的。[3]我国企业虽然没有就 301 调查提起过诉讼，但曾就美国商务部对华进行的"双反"调查向 USCIT 起诉并获得胜诉判决[4]，对程序有一定了解。

具体到本次申诉，受制裁影响的企业可以请求 USCIT 判决 USTR 的 301 调查裁定及后续关税措施违反第 304 节（a），即对涉及 WTO 协定的事项，美国应首先诉诸 WTO 争端解决程序，USTR 的决定应以 WTO 争端解决的结果为基础，这一点在欧盟诉美国 301 条款案中也得到确认。实体方面，如前文所述，可以主张 USTR 的认定违反第 301 节（b）和 301 节（d）（3）（D）。

---

〔1〕《对外贸易法》第 47 条规定："与中华人民共和国缔结或者共同参加经济贸易条约、协定的国家或者地区，违反条约、协定的规定，使中华人民共和国根据该条约、协定享有的利益丧失或者受损，或者阻碍条约、协定目标实现的，中华人民共和国政府有权要求有关国家或者地区政府采取适当的补救措施，并可以根据有关条约、协定中止或者终止履行相关义务。"

〔2〕USTR 分别于 2018 年 4 月 3 日和 6 月 15 日两次公布对华制裁措施，涉及钢铁、制造业等多个产业。参见 USTR 官方网站，https://ustr.gov/about-us/policy-offices/press-office/press-releases/2018，最后访问日期：2018 年 6 月 16 日。

〔3〕参见任清："关于在美国法院起诉美 301 调查及关税措施可行性分析"，载 https://mp.weixin.qq.com/s/HGCVZNWkWtdnq5-jK1YfLQ，最后访问日期：2018 年 6 月 16 日。

〔4〕具体裁决结果及分析可参见龚柏华、孙灵瑶："美国国际贸易法院判定美国商务部对河北兴茂轮胎有限公司非公路用轮胎'双反'措施不当案评述"，载《国际商务研究》2009 年第 6 期。

（三）利用既有对话机制积极磋商

尽管这一轮的美国贸易限制来势汹汹，但基于中美经济的相互依存性，双边对话的空间依然很大。中美商贸联合委员会（U. S. – China Joint Committee on Commission and Trade，以下简称为 JCCT）始于 1983 年，被称为中美贸易摩擦的"灭火器"，自成立以来，对增进两国之间相互了解、推动和加强双边经贸领域的互利合作、维护和促进双边经贸关系的稳定健康发展发挥了重要作用。在已公布的 14 份美国对华特别 301 报告中，USTR 曾多次援引中国在 JCCT 中所作承诺，要求中国切实履行。从多维应对此次 301 调查的角度，中国应当积极通过 JCCT 所提供的对话平台，协商解决 301 条款问题，并在即将开始的新一轮《中美双边投资协定》谈判中探寻有效规制 301 条款的具体规则。

四、中国外资准入技术转让法律制度及其完善

美国此次 301 报告也确实指出了中国在外资准入阶段技术转让管理上可能存在的问题，中国宜结合 301 报告审视中国的相关制度并适时完善，从根本上消解潜在的贸易摩擦。2018 年 6 月 15 日，国务院发布《关于积极有效利用外资推动经济高质量发展若干措施的通知》（以下简称为《利用外资通知》），就对 301 报告中反映的技术转让问题做了回应，其中也特别规定了"严格履行世界贸易组织承诺，外商投资过程中技术合作的条件由投资各方议定，各级人民政府工作人员不得利用行政手段强制技术转让"。而随着 2019 年 3 月 15 日《中华人民共和国外商投资法》（以下简称为《外商投资法》）审议通过（2020 年 1 月 1 日起正式实施），我国也以法律形式明确了投资保护这一基本制度。特别是该法第 22 条再次强调了技术合作的自愿性，确定了投资领域对外商知识产权充分保护的基本方向。

（一）我国外资准入阶段事实上的技术转让要求发生的可能性

我国的外资准入法律体系主要包括由《鼓励外商投资产业目录（2019 年版）》（以下简称为《产业目录》）《外商投资准入特别管理措施（负面清单）》（以下简称为《负面清单》）所构建的负面清单制度和由《外商投资法》等相关法律规范所确定的企业设立规则两部分。外国投资者首先需要依据负面清单确定所涉投资领域的开放程度，再根据所需设立企业的企业形式确定相应的设立规则。2019 年 3 月 15 日，第十三届全国人民代表大会第二次会议审议通过了《外商投资法》，旨在统一和创新外国投资法律制度。同时，随着该法于 2020 年 1 月 1 日的生效实施，施行近 30 年的《中华人民共和国中外合资经营企业法》（以下简称为《中外合资企业经营法》）《中华人民共和国中外合作经营企业法》（以下简称为《中外合作经营企业法》）等多部法律也被一同废止，可见我国已从立法上进入内外资一致的监管模式。[1]目前，我国已经全面实行了负面清单制度，且《外商投资法》于第 29 条规定："外商投资需要办理投资项目核准、备案的，按照国家有关规定执行。"这表明我国外资准入阶段的技术转让审查仅适用于实施准入特别管理措施的外商投资企业，而 301 报告所涉产业亦主要为负面清单中的限制外商投资产业，本文也仅讨论在限制外商投资的产业中的外资准入技术转让要求。

首先，2019 年《产业目录》和《负面清单》在最大程度上保障了外国投资者的投资自由，但仍在一定程度上限制了外国投资者的企业形式选择权。现行《负面清单》相较于 2017 年将原来 35 项限制外商投资产业缩小到 13 项。虽然在部分产业中仍然存在持股比例要求，但也明确规定了取消持股比例要求的时间。例如，关于金融业中证券公司、期货公司和寿险公司虽有中方持股 51% 以上的要求，但也承诺于 2021 年取消此类限制。这一承诺，不仅最大程度上保障了外国投资者的投资自由，还使我国投资监管更具针对性。

但需要注意的，《负面清单》第 4 条仍原则上要求投资有股权要求的领域，不得设立外商投资合伙企业。这一条在一定程度上限制了外国投资者自由选择企业形式和投资比例的权利，为事实上技术转让要求提供了可能。而此次 301 报告特别强调了外资在与国有企业谈判合作时一方面由于受到股权限制而处于弱势地位，另一方面面临因为国有企业与政府关系不明所带来的技术转让压力。对《产业目录》和《负面清单》不要求企业形式和控股的限制投资产业，由于《外商投资法》第 29 条原则上要求外商投资需要办理投资项目核准、备案的，按照国家有关规定执行，在具体审批标准不明确的情况下，该投资有可能受到行政权力干预而被迫进行特定形式的投资，从而又为事实上的强制技术转让提供了可能。

其次，我国的技术转让规则则采取外资准入前和准入后分别调整的"双轨制"模式。根据 2019 年《中华人民共和国技术进出口管理条例》（以下简称为《技术进出口管理条例》）第 22 条的规定："设立外商投资企业，外方以技术作为投资的，该技术的进口，应当按照外商投资企业设立审批的程序进行审查或者办理登记。"因此外资准入时以技术出资的技术转让主要由《外商投资法》调整，准入后的技术转让才由《技术进出口管理条例》调整。同时，根据《外商投资法》第 29 条和第 31 条的规定，外资企业只有在企业的组织形式、组织机构及其活动准则方面才受到《中华人民共和国公司法》（以下简称为《公司法》）或《中华人民共和国合伙企业法》（以下简称为《合伙企业法》）的调整，原调整准入阶段技术转让的具体行政法规及规章仍将继续适用。在《外商投资法》的具体规则尚未出台，且外资准入阶段技术转让审查规则缺失、标准不明的情况下，特别是在技术转让审批规则及审批标准尚未公布的情况下，行政

---

[1] 需要注意的是，由于国际投资涉及资金的跨国移动，特别是在现代国际投资中伴随着技术、人员等更大范围移动的背景下，各国的投资监管也更为集中，所以国际经济法意义上的内外资一致并非是绝对一致，而是排除不必要的监管，以达到一般国际规则所要求的国民待遇标准。

机关在具体审批过程中存在较大的自由裁量权，容易使外国投资者产生因行政权力而导致技术转让或影响技术转让条件的担心，这也是此次 301 报告在准入阶段技术转让问题所关注的核心问题。禁止技术转让要求规则的实质是避免政府对市场的过度干预，缺乏公开的技术转让审批标准，给审批机关借审批施压提供了空间。诚然，在中国现有技术进出口管理法律体制下，外国投资者仍可通过技术转让规则设置进入《技术进出口管理条例》适用范围，从而使得审批要求相对明确。例如，在合作合同或合营合同中规定了外方承诺未来转让技术给中方投资者和未来的合营企业以及转让条件，因为这种安排并不满足 2019 年《技术进出口管理条例》第 22 条关于"外方以技术作为出资"的要求，因而不适用该排除规则，依旧可以适用《技术进出口管理条例》。但做此选择一方面需要外国合作者（合营者）列明其将转让的生产技术，增加谈判负担，另一方面也令外方投资者无法用技术作为出资。

最后，外国投资者参与权的保障机制有待完善。《外商投资法》第 22 条第 2 款原则上禁止行政机关及其工作人员利用行政手段强制转让技术。但这一规定存在两个方面的问题：其一，该条款仅限制行政主体利用行政手段强制技术转让，未将行政主体利用行政权的天然优势地位，通过行政合同等一般民事行为事实上实施强制技术转让行为作出规制；其二，该条款并未配有相应的责任条款。《外商投资法》第 39 条仅从原则上规定了行政机关工作人员在外商投资促进、保护和管理工作中滥用职权、玩忽职守、徇私舞弊等行为的法律责任，但没有明确具体的责任形式及处罚标准，整体上的处罚力度较弱。

同时，《外商投资法》在整体上过于强调外资的义务即对外资准入的管控，但并未在具体操作中赋予外国投资者相应的权利，使得外国投资者缺乏对相关程序的有效参与。虽然该法第 26 条允许外国投资者通过外商投资企业投诉工作机制申请协调解决，或者对行政机关作出的技术转让协议的审查决定提出行政复议、诉讼，但此种规定仅强调结果救济，并未对审批程序作出严格规定，在一定程度上限制了外国投资者参与权的有效实现。

（二）技术转让制度的优化

虽然东道国投资领域的对外开放程度由其本国的经济发展状况所决定，但这并不妨碍在准入阶段给予外国投资者充分的参与和保护。从既有规则上看，我国不存在强制性技术转让，但在技术转让规则的设计上略显粗糙。《外商投资法》虽然在一定程度上解决了外资保护规则缺失的问题，但该法规定过于抽象，可操作性较差，而这也正是 301 报告所针对的主要问题。对此次 301 报告反映出的我国在外资准入，特别是准入时技术转让领域的主要问题，我国可以通过细化具体规则的方式完善外国投资者保护制度，以保障外国投资者合法权益，提高外国投资者在华投资的积极性。

第一，适当放宽外资持股比例限制。根据 2017 年版《负面清单》，我国在农作物新品种选育和种子生产及汽车整车、专用汽车制造等多个领域提出了中方控股要求。

由于这些领域多涉及引进国外先进技术，加之外资准入过程中的审批要求，难免有技术转让要求之嫌。然而，不争的事实是，我国正逐步放宽外资持股比例限制。2019 年 7 月 30 日起生效实施的《负面清单》将限制措施从 2018 年的 48 条减少到 40 条，其中就包括取消采矿业石油、天然气等领域的外资准入限制，取消水利、环境和公共设施管理业的外资准入限制等。而在持股比例限制方面与 2018 年持平，即减少银行业、专用车、新能源汽车外资股比限制，将证券公司、基金管理公司、期货公司、寿险公司的外资股比放宽至 51%，2020 年取消商用车外资股比限制，2021 年取消金融领域所有外资股比限制，2022 年取消乘用车外资股比限制等，不仅缩表力度大，而且集中在投资者高度关注并伴有技术转让的领域，而随着《负面清单》缩表，对外资的合营合作限制、外资的持股比例限制的减少，将直接减少外资准入阶段外国投资者面临技术转让要求或压力的空间。2019 年版《负面清单》借鉴了自贸试验区负面清单的体例与形式，从《外商投资产业指导目录》中独立出来，单独发布，按照《国民经济行业分类》，以列表方式列明了股权比例、高管要求等主要的外资限制措施，而且删除了以前版本"我国法律法规另有规定的，从其规定"的说明，表明在负面清单以外，各部门各地区不能再设置额外的外资准入要求，也就减少了政府机关通过施加准入审批形成技术转让压力的机会。而除了全国性的《负面清单》，国家发展和改革委员会同商务部紧接着在 2019 年 6 月 30 日发布了《自由贸易试验区外商投资准入特别管理措施（负面清单）》（以下简称为《自贸区负面清单》），并于 7 月 30 日施行。2019 年的《自贸区负面清单》相较 2018 年又作出了较大调整。在全国性《负面清单》的基础上，在渔业、采矿业、制造业等多个领域取消了多项禁止性规则，从而减少了美国所谓的事实上的技术转让要求的空间。今后中国可以结合产业发展水平，利用负面清单制度灵活性的特点，适时调整不同产业的外资持股比例限制，扩大我国投资领域的对外开放程度，既符合中国提升开放水平的战略要求，也可以在一定程度上消解美国对中国借外资准入限制施加技术转让要求的揣测。

第二，在规则订立上，提高规则透明度。透明度机制在私法意义上，具有保障私权的意义，在公法上，则可以确保立法目的的有效实现。而透明度机制本身不仅要求规则的公开，更要求规则的明确。我国的技术转让规则，从整体上看过于抽象。虽然随着《中外合资经营企业法》《中外合作经营企业法》等法律的失效，诸如《中华人民共和国中外合资经营企业法实施条例》第 41 条关于合营企业引进的技术应当是适用的、先进的之类的规定进一步减少，但是对于最为核心的，行政机关审查批准程序及标准仍未得到充分明确。这使得规则的预见性不强，行政机关在审查中的自由裁量权仍旧过大，不利于外国投资者权利的保护。因而应当对技术转让所需要审查的具体范围和具体判断标准予以明确，将行政审查权力限制在合理范围内。

第三，在国有企业与政府间关系上，进一步强调国有企业的市场主体地位。由于国有企业的特殊地位，其经营利润的变动可能引发国有资产流失的担忧。但必须认识到作为市场主体，企业的盈亏是一种正常的经济现象，不能因国有企业的特殊地位，而使其在技术转让中享有特殊优待。在国务院提出使国有企业遵循市场经济规律和企业发展规律，成为依法自主经营、自负盈亏、自担风险、自我约束、自我发展的市场主体的国有企业改革的目标之下，[1]应当进一步落实政企分离，发挥市场的调节作用，同时注意政策文件、发展纲要等指导性文件的措辞，尽可能避免不必要的政企特殊关系联想。

第四，在技术转让协议的订立和审查中，提高市场主体的参与度，提高审查的保密性。我国目前对于技术转让的政府干预过强，在技术转让协议中应当充分提高市场主体的参与度。如在技术转让协议的审查中，没有强调对技术转让协议审查的公开性问题，外国投资者无法参与到行政审查的流程中。应当适时在技术转让协议中引入第三方审查机制，通过对第三方的权利义务划分，使审查市场化、透明化。基于此，在技术转让领域中，应当更主要地发挥市场主导作用，提高市场主体的参与度，明确政府的市场监管地位。政府过于主动的介入市场转让协议中，可能导致对国际义务的违反，亦不利于市场机制的充分发挥。同时，由于技术转让协议的审查中，需要相关领域专家的介入，但目前我国国内法上并未对专家组的保密义务设定相应的法律责任。出于保护外国投资者合法权利的考虑，应当强化审查中保密义务的相关规定。

最后，在权利救济上，完善结果救济权利，补充程序参与权利。目前我国在立法上，过于强调外国投资者在技术转让中的义务，仅对外国投资者在审查中的权利作出原则性规定。在进一步更新行政法规及规章时，应当对行政机关及其工作人员的强制技术转让要求的法律责任作出明确，并确定外国投资者申诉权的具体实现方式，使其对结果救济的权利得到充分实现。同时，在行政审批过程中加入诸如听证等权利，允许外国投资者参与行政审批程序，使审查过程更为公开透明，在立法上补充其程序性的参与权利。

五、结论

此次 301 报告再一次体现了 301 条款的解释弹性和美国维护其对外贸易利益的政治意图。透过 301 调查及美国所采取的单边制裁措施，可以清楚地看到当前 WTO 规则演进迟滞的问题。如上述，由于 WTO 规则所构建的多边贸易体制，牵涉利益众多，难以对某些问题达成一致，无法应对新兴的国际经济问题。于是，以美国为首的发达国家，利用本国国内法及其在国际经济事务中的优势地位，在 WTO 框架外采取法律措施。

诚如前文所述，NAFTA 和 TPP 协定已经禁止了事实上的技术转让要求，而《美国BIT 范本（2012）》第 8 条第 1 款（f）项也禁止任何一缔约方就其境内的另一方或非缔约方的投资者的投资在设立、获得、扩大、管理、经营、运营、出售或其他处置方面强加或强制执行，或者强制要求其承诺或保证将特定的技术、生产方法或其他专有

---

〔1〕 参见"国务院办公厅关于进一步完善国有企业法人治理结构的指导意见"，载 http://www.gov.cn/zhengce/content/2017-05/03/content_ 5190599.htm，最后访问日期：2018 年 5 月 17 日。

知识转移给其境内的个人。但目前国际范围内并未达成共识，禁止技术转让要求统一国际规则尚付阙如，而已有的区域和范本规则也欠缺实际适用和涉诉案件，因此对于事实上的技术转让要求的认定并未形成确定、统一的标准，反而给美国的单边措施在事实上的技术转让要求认定上提供了极大的自由裁量空间。面对美国在国际经济中强硬维护其优势地位的做法，中国作为世界上最大的发展中国家，一直强调维护多边贸易体制，面对美国的单边措施，更应倡导国际经济争端的非政治化，深入研究 WTO 规则，并积极在 WTO 框架下寻求救济，同时积极推动 WTO 规则的进一步发展。在这一背景下，我国也应当完善《对外贸易法》，建立国家安全审查、知识产权审查等制度，为反制措施、中止履行条约等具体规则提供国内法基础。

同时，301 报告也充分体现了我国在技术转让问题乃至外资准入制度上对外国投资者保护不充分的问题。我国目前对于准入阶段的技术转让有着较强的行政干预，特别是在具体规则并不明确的情况下，外国投资者的合法权利得不到充分的保护。在应对301 条款的同时，我国更应深入分析目前经济发展状况，适时调整外国投资者准入规则，充分发挥市场主导作用，以营造公平的市场交易秩序。《利用外资通知》已经明确要修订负面清单以提升开放水平，缩小审查范围，也明确保障投资各方自主约定技术转让条件的权利，禁止政府利用行政手段强制技术转让，这都是优化外资准入阶段技术转让法律环境的利好政策。我国外资准入阶段技术转让制度完善的重点在于优化对限制外商投资产业的审批制度。中国政府应继续贯彻行政审批制度改革，通过细化规则扩大行政审批的透明度，同时给予外国投资者进行复议、诉讼的权利，以充分保护外投资者，最终实现对外国资本的有效利用。

此次美国对华 301 调查只是中美贸易摩擦中的一个侧面，随着中国在国际经济事务中所发挥的作用越来越大，势必对美国、日本、欧盟国家等发达国家的利益产生冲击。可以预见，在未来相当长的一段时间内，发达国家围绕着中国在国际经济事务中做法正当性的发难仍将持续。我国除了在履行国际义务的基础上，充分利用和发展国际规则保障本国利益，也应当主动分析经济争端产生的可能性和原因所在，主动优化国内规则，营造良好的投资、贸易环境。随着中国经济的发展，许多国际组织、国家和地区均会对中国的经济及相关制度环境作出调查。例如，经济合作与发展组织每年会对中国经济发展数据、各领域的发展状况等问题进行调查，并在其官方网站公布具体的调查结果。这些数据、报告虽然对中国并没有拘束力，但由于其经常会为各国所援引，用以证明中国的对外开放状况，同时数据和报告中也确实反映了我国目前存在的某些问题，我国应当对这些调查和报告给予重视。从美国几次对华 301 调查来看，我国通常以应对调查为主，缺少必要的事先防范机制，我国可以充分利用各国际组织、国家和地区的调查报告，发现潜在问题，结合我国国情，适时完善国内立法或调整做法，以更好地防范风险。

美国海外投资保障制度对我国的启示与借鉴

白天钰博[1]　　李宏超[2]

内容提要： 随着"一带一路"倡议的深入发展，中国企业在新兴地区的投资越来越多地被暴露在政治风险之中。然而我国的海外投资保障制度发展尚未完善，产品设计也远未成熟，因而有必要学习借鉴国际上成熟的制度模式，从而更好地为中国企业"走出去"保驾护航。美国海外私人投资公司是世界上第一个服务于海外投资保障制度的机构，其制度完善、政策清晰、产品多样、流程明确。本文将对美国海外私人投资公司的概况、产品内容和审核要求予以介绍，分析其所具备的特点，并与中国海外投资保障制度作以比较分析。

关键词： 海外投资　OPIC　海外私人投资公司　政治风险"一带一路"

---

[1] 白天钰博，中国出口信用保险公司，女，中国人民大学法学院比较法/国际商事法硕士。
[2] 李宏超，中国出口信用保险公司上海分公司，男，上海对外经贸大学国际经贸学院国际商务硕士。

2018 年 8 月，中国出口信用保险公司将海外投资险承保业务从其他业务部门中分立出来，以专事研究中国企业在新兴市场投资遇到的风险，从而推进"一带一路"倡议发展。这反映出中国企业"走出去"越来越需要中国出口信用保险公司的保驾护航。

政府设立机构支持企业拓展新兴市场的模式来源于美国，其通过设立海外私人投资公司（Overseas Private Investment Corporation，以下简称为 OPIC）为在新兴市场投资的美国企业提供保险和融资，降低美国企业在当地可能遇到的风险。这一制度直到 2018 年已运营 48 年，OPIC 政策鲜明、制度完善、产品丰富，值得初涉该领域的中国海外承险部门汲取其中的有益经验。

目前，学术界对 OPIC 如何运作的研究尚不充分，缺乏系统介绍美国 OPIC 制度的文献。章勤曾于 1992 年在《国际经济合作》期刊上发表"美国如何保障和援助在海外的私人投资——美国海外私人投资公司介绍"[1]一文，但至今已过去 20 多年，OPIC 在这 20 多年间发生了很多变化、发展了一些新的业务，当时论文中的很多内容已经不准确，也不完备。因此，本文旨在通过研究 OPIC 公开的一手材料，梳理 OPIC 的政策目的、产品内容和制度框架，分析其值得我国学习的长处，为下一步我国完善海外投资保障制度提供基础。

一、中美海外投资保障制度的历史发展

（一）中国海外投资保障制度历史发展

我国设立机构支持企业海外投资的时间较晚，主要是通过设立中国出口信用保险公司，帮助企业开拓海外市场，促进我国对外经济贸易发展，以辅助中国经济增长，以及促进就业和国际收支平衡。

中国出口信用保险公司成立于 2001 年 12 月 18 日，是在中国加入世界贸易组织后的第七天。中国人民保险公司和中国进出口银行同时停办了出口信用保险业务，其原有业务和未了责任全部由中国信保承接。"政策性公司，商业化运作"是公司对市场的明确定位。2002 年，中国信保成立仅一年，承保金额就达到了 27.5 亿美元，同年年底公司开展海外投资保险业务，并于 2003 年 9 月 18 日接下第一份保单，这第一份保单是中国化学工程总公司和中国成达工程公司投资印度尼西亚巨港电站提供海外投资保险和融资担保，这份保单标志着我国开始承保海外投资政治风险。

2004 年 2 月，中国出口信用保险公司正式成立投资保险部。随后为实现我国政策

---

〔1〕 参见章勤："美国如何保障和援助在海外的私人投资——美国海外私人投资公司介绍"，载《国际经济合作》1992 年第 8 期。

性银行与政策性保险公司的全面协作,中国出口信用保险公司于 2006 年开始与国家开发银行全面合作,为我国海外投资者的风险管理及融资业务提供更全面的服务,并与国家开发银行联合发布《关于进一步加大对境外投资重点项目金融保险支持力度有关问题的通知》,其中明确规定了海外投资保险的内容。2007 年 3 月中国出口信用保险公司出台《中国出口信用保险公司投资保险业务承保管理暂行规定》,在海外投资保险业务的承保方面,为中国出口信用保险公司的工作提供了关于指导原则和具体操作的规定。该规定充分考虑我国对外投资经济发展的现实情况和海外投资保险业务开展的实际情况,对公司之前发布的《投保指南》进行了整理与完善。两者共同形成了我国目前海外投资保险制度的基本框架,对被保险人、承保对象、承保范围、保险金额以及投保手续等都进行了规定。

截至目前,我国对海外投资保险机构的设置,采用的是保险业务的审批权和经营权都由中国出口信用保险公司行使,即审批机构和经营机构为同一机构的同一制,具体由投资保险部负责经营管理,由中国信保的项目评审会负责审批。

(二) 美国海外投资保障制度的历史发展

美国是最早设立机构来支持企业拓展新兴市场的国家,其通过设立 OPIC 为在新兴市场投资的美国企业提供保险和融资,降低美国企业在当地可能遇到的风险。OPIC 自1971 年成立以来,至 2019 年已运营 48 年,在此期间 OPIC 为美国企业提供投资风险管理工具、帮助美国企业投资新兴市场、促进发展中国家的经济发展、推进美国外交和国家安全政策,截至 2019 年 OPIC 的资金运营规模已达 200 亿美元资金,投资覆盖 160个发展中国家的金融机构,其超过 1/3 的投资在撒哈拉以南的非洲,超过 1/3 的投资在冲突地区。

1971 年,尼克松总统根据《对外援助法案》成立了 OPIC,以执行美国政府的相关职能。OPIC 的创新在于打破基于赠款的传统援助模式,转为支持私营部门 (Private Sector) 向欠发达地区进行投资。OPIC 设立之初便运营着 84 亿美元的政治风险保险和1.69 亿美元的贷款担保。[1] 其支持的早期项目包括为肯尼亚旅游业扩张提供政治风险保险,为非洲和拉丁美洲食品加工设备以及印度灌溉设备的建设提供融资和保险支持。[2] 这些项目使许多美国公司在 20 世纪 70 年代便进入了欠发达国家的市场。

在 20 世纪 80 年代,OPIC 发生了两大变化。一是开始设立投资基金,支持私募股权基金在新兴市场进行投资运作;二是开始自负盈亏。1984 年,OPIC 正式成为独立运营、自负盈亏的机构,将建立初始分配到的全部资金都偿还给了国会,从此不再使用

---

〔1〕 参见 OPIC 官网:https:∥www.opic.gov/who-we-are/opic-history,最后访问日期:2018 年 12 月 29 日。

〔2〕 See Environmental and Social Policy Statement, https:∥www.opic.gov/sites/default/files/files/final% 20revised%20ESPS%2001132017(1).pdf,最后访问日期:2018 年 12 月 29 日。

纳税人的税金[1]。除此以外，OPIC 还丰富了政治风险保险的承保范围，增加了"内乱"和"业务中断"等内容[2]。

2000 年以前，OPIC 提供帮助的主要对象是基础建设和能源领域内的大型企业，如为 Mission Energy 提供 4 亿美元的融资和保险，支持其在印度尼西亚投资、运营发电厂。[3]进入新千年后，OPIC 将服务对象的重心调整为中小企业，将行业重心转向初创公司和非传统行业。OPIC 专设"小型企业中心"，为合格企业提供简化的申请流程。OPIC 开始在美国各地举办研讨会，向小型企业介绍新兴市场的机会。目前，在 OPIC 每年的项目中，中小企业的投资项目约占一半。

OPIC 作为美国政府的机构，在其官网上直言 OPIC 在为企业提供海外投资风险管理工具时，首要考量的就是美国的外交和国家安全政策。不符合国家政策的投资，OPIC 不可能对其予以支持。

OPIC 所承保或融资的海外投资项目，不得对其国内经济造成任何不利影响。[4]这是 OPIC 在承接项目时的一条明确政策。而 OPIC 考量的另一个重要因素就是该投资是否会减少国内就业。有些商业项目看似投资，实则是将国内工厂转移至劳动力更为廉价地区，对于这类海外商业投资项目，OPIC 一概不予以承保或融资。[5]

OPIC 在承接项目时的另一条明确政策就是不与同类金融机构竞争，也就是说，如果某海外投资项目可以从其他金融机构处获得融资或保险，则 OPIC 不得对其进行融资或承保。只有在该商业投资项目无法从其他任何金融机构处获得承保和融资，或者无法获得足额承保和融资的情况下，OPIC 才可以介入到该投资项目中的融资和保险活动中。

OPIC 最鲜明的特征之一就是自给自足、自负盈亏。OPIC 仅向具有良好商业计划的项目发放政治风险保险和贷款[6]。OPIC 作为自负盈亏的机构，对商业计划的可行性、完整性必须严格把关。OPIC 之所以在其官网上一再强调其是自负盈亏的机构，不像其他政府机构需花费纳税人的税金，与早期 OPIC 引起的争论不无关系。OPIC 的初始资金是政府资金，而能够去海外进行投资的企业往往是具备经济实力的大型企业。这些企业通过 OPIC 获得纳税人缴纳的税金以供其在海外谋取经济利益，曾引起大量美

---

〔1〕 See Environmental and Social Policy Statement, https://www.opic.gov/sites/default/files/files/final%20revised%20ESPS%2001132017（1）.pdf，最后访问日期：2018 年 12 月 29 日。

〔2〕 See Environmental and Social Policy Statement, https://www.opic.gov/sites/default/files/files/final%20revised%20ESPS%2001132017（1）.pdf，最后访问日期：2018 年 12 月 29 日。

〔3〕 See Environmental and Social Policy Statement, https://www.opic.gov/sites/default/files/files/final%20revised%20ESPS%2001132017（1）.pdf，最后访问日期：2018 年 12 月 29 日。

〔4〕 参见 OPIC 官网：https://www.opic.gov/who-we-are/investment-policies，最后访问日期：2018 年 12 月 29 日。

〔5〕 参见章勤："美国如何保障和援助在海外的私人投资——美国海外私人投资公司介绍"，载《国际经济合作》1992 年第 8 期。

〔6〕 See Environmental and Social Policy Statement, https://www.opic.gov/sites/default/files/files/final%20revised%20ESPS%2001132017（1）.pdf，最后访问日期：2018 年 12 月 29 日。

国民众的不满。[1]

二、中美海外投资保障制度中金融工具比较分析

(一) 中国出口信用保险产品介绍

目前中国信保正在运行的产品共计 32 项,其主要覆盖货物、技术、服务出口以及对外投资合作等领域。中国信保作为中国稳外贸的主要政策性机构之一,其在短期出口信用保险方面,2003 年启用创始产品与核心产品——综合险,经过多次修订升级,形成目前效率更高、适应性更广、约定更清晰、服务能力更强的综合险产品 4.0 版。中国信保又以综合险为基础,研发了附加出口前风险保险、中小企业综合保险和小微企业信保易等产品。随着短期出口信用保险业务不断发展,中国信保推出了银行保单和福费廷保单。出口特险产品自启用以来,不断丰富承保模式,推陈出新,现已推出特定合同保险 2.0 版和买方违约保险 2.0 版。

而随着中国对外投资的不断发展,规模不断扩大,中国信保在中长期出口信用保险和海外投资保险方面,积极响应国家政策和市场需求,不断创新、升级产品体系,产品从成立之初的 4 项增加至目前的 11 项,并研发了出口延付合同再融资保险、海外融资租赁保险、对台投资保险等产品,充分保障企业应对对外投资的政治风险和商业风险。除研发和升级产品外,中国信保还采用其他方式创新产品体系和结构。2019 年,中国信保在出口延付合同再融资保险项下以创新配套出口延付合同再融资保险承诺函的方式,进一步扩大了产品适用范围。

融资担保方面,中国信保全面加强与政府部门的沟通合作,通过与中国银行保险监督管理委员会联合召开扩大出口信用保险保单融资工作会议,分析形势、总结经验、部署工作;出台专门政策措施,认真落实扩大保单融资要求,明确合作目标、任务和方向;积极与合作银行开展多层次、多形式的业务交流,持续加强与巩固银保合作业务的发展基础,目前已与近百家境内外银行及非银行金融机构签署全面业务合作协议。此外中国信保是国内唯一一家授权经营担保业务的保险公司,在担保业务方面,中国信保已形成了与出口信用保险相关的非融资与融资担保产品体系,通过提供独具特色的非融资担保和以内保外贷业务为主的融资担保,不断满足企业对外经贸与投资的增信需求,帮助企业融资。

更值得一提的是,中国信保在不同时期还开发了部分特色产品,包括外派劳务合作经营公司海外风险保障保险、外派劳务人员海外风险保障保险、外派劳务人员履约保险、外派劳务人员海外风险保险四项外派劳务产品。为海外投资提供更多配套的风险防控和保障。

---

[1] 参见王晓坤等:"政策性海外投资保险制度之辩——关于美国 OPIC 的讨论及对我国的启示",载《国际金融研究》2004 年第 12 期。

（二）OPIC 产品介绍

OPIC 旨在帮助美国企业在新兴市场中立足、获取利润，并为国内外的就业和增长机会作出贡献。具体来说，OPIC 通过为企业提供融资和担保、政治风险保险和参与私募股权投资基金三类产品履行其上述使命。

融资担保产品方面，OPIC 作为一般商业贷款的补充，在传统金融机构不愿意借贷时，向符合要求的商业项目提供中长期的贷款和担保。其贷款期限通常在 5 年到 20 年，最多不超过 30 年；[1]贷款金额可以从 50 万美元到 3.5 亿美元不等，但平均借贷金额在 500 万美元到 5000 万美元。[2]OPIC 曾向众多行业领域提供过贷款，包括信息技术、医疗卫生、教育、基础设施、通信设备、金融服务、房地产和企业农业。企业拿到 OPIC 提供的资金后，通常将该资金用于购买工程/设计服务、制造和租赁设备。

OPIC 还可以和其他金融机构一起为小微企业提供融资。小微企业在融资时往往更加困难，一般金融机构往往不愿意贷款或足额贷款。这是，OPIC 可以就商业金融机构没有足额贷款的部分向小微企业贷款。但是 OPIC 一般不为单纯的并购投资提供贷款，除非其贷款用途是扩大或复活当地投资。

OPIC 目前正在开拓的新项目是，为能够给当地带来巨大影响但是尚处于初始阶段的创业公司提供融资。该项目被称作 PI 项目（Portfolio of Impact），于 2014 年设立，专门为具有高影响力的项目提供融资。所谓具备"高影响力"的项目是指，在最不发达地区或冲突落后的地区，能够为最低收入的人群提供经济生计的项目。[3]在挑选 PI 项目时，OPIC 首要考虑的经济部门包括水、卫生、住房、健康、农业、教育、可再生能源和金融等。

政治保险方面，对投资者来说，新兴市场意味着机会，同时意味着巨大的风险，尤其是对于企业和个人来说难以预测、难以避免的政治风险。政治风险包括战争、征收和汇兑风险。根据 OPIC 官网对政治风险的描述：战争风险包括内乱、政变和其他政治动机的暴力行为，包括恐怖主义；征收包括废除、否认和/或减损合同以及其他不正当的东道国政府干预；汇兑风险指对本地货币收入转换和转移的限制。[4]

OPIC 的政治风险保险服务通常与其融资服务相结合，一并提供给美国企业。政治风险保险的期限通常与项目合同的期限一致。OPIC 最多可承保项目 90% 的风险，投资人必须至少承担 10% 的风险。自 1971 年以来，OPIC 完成了 300 笔保险理赔，总额为

---

〔1〕 参见 OPIC 官网：https://www.opic.gov/what-we-offer/financial-products/indicative-terms-and-pricing，最后访问日期：2018 年 12 月 30 日。

〔2〕 参见 OPIC 官网：https://www.opic.gov/what-we-offer/financial-products/indicative-terms-and-pricing，最后访问日期：2018 年 12 月 30 日。

〔3〕 参见 OPIC 官网：https://www.opic.gov/what-we-offer/portfolio-for-impact，最后访问日期：2018 年 12 月 30 日。

〔4〕 参见 OPIC 官网：https://www.opic.gov/what-we-offer/political-risk-insurance，最后访问日期：2018 年 12 月 30 日。

9.774 亿美元。[1]

OPIC 还为其投资的私募股权基金提供政治风险保险。投资于新兴市场的基金管理人往往因为政治风险问题很难取得投资人的信任。而有 OPIC 背书的资金池则因为能够为基金提供长期承保，从而吸引到投资人的资金。OPIC 的政治风险保险一般承保最高额为每个基金 2.5 亿美元，承包期最长 20 年，覆盖股权投资的 90%，债权投资的100%，不可撤回或取消。[2]

此外 OPIC 还向私人持有和运营的投资基金提供支持，这些基金通常对新兴市场中的私人公司进行再投资。OPIC 通过投资于私募基金，使初期创业公司获得资本金、管理技巧和融资知识，从而获得长久的发展。自 1987 年以来，OPIC 已经在 62 个私募基金中投入 41 亿美元，这些私募基金已在 65 个国家的 570 个私人企业中投资了 56 亿美元。[3]

OPIC 每个季度都会对基金管理人进行一次公开招选（Call Process），挑选管理经验丰富、能够募足资金的管理人团队并予以资金支持。[4]OPIC 倾向于寻找资金规模在 1亿美元到 10 亿美元之间的中小型基金[5]，且出资一般不超过每个资金池总资金的25%。[6]除此以外，OPIC 还为 1 亿美元以下的小型私募股权、债权和混合资金提供特殊项目服务，称作创新金融中介计划（IFIP）[7]，以支持小型基金在新兴市场进行投资。

（三）产品比较分析

从以上介绍可以看出，OPIC 和中国信保在产品体系上大体一致，都在融资担保和政治保险领域设置了一系列产品，来帮助企业控制政治风险，促进国内企业对外投资。其区别在于 OPIC 对于项目的选择上，明确了其定位是作为商业贷款的补充，仅支持传统金融机构不愿意借贷的项目。而中国信保虽然在规则上没有明确类似的规定，但其从实操上可以看出，其承保的项目都是传统金融机构没办法防控的政治风险项目，从

---

[1] 参见 OPIC《2017 年度公开索赔报告》，载 https://www.opic.gov/sites/default/files/files/2017_ Annual_ Claims_ Report. pdf，最后访问日期：2018 年 12 月 30 日。

[2] 参见 OPIC 官网：https://www.opic.gov/content/political-risk-insurance-funds，最后访问日期：2018 年12 月 30 日。

[3] 参见 OPIC 官网：https://www.opic.gov/what-we-offer/investment-funds，最后访问日期：2018 年 12 月30 日。

[4] 参见 OPIC 官网：https://www.opic.gov/what-we-offer/investment-funds/how-investment-process-works，最后访问日期：2018 年 12 月 30 日。

[5] 参见 OPIC 官网：https://www.opic.gov/what-we-offer/investment-funds/qualifications，最后访问日期：2018 年 12 月 30 日。

[6] 参见 OPIC 官网：https://www.opic.gov/what-we-offer/investment-funds/how-investment-process-works，最后访问日期：2018 年 12 月 30 日。

[7] 参见 OPIC 官网：https://www.opic.gov/what-we-offer/investment-funds/how-investment-process-works，最后访问日期：2018 年 12 月 30 日。

实际效果上达到了与 OPIC 类似的作为商业贷款补充的效果。此外另一重要区别是，中国信保还未设置投资私募股权基金的产品，其主要是由于中国对外投资的发展阶段目前还处于大型企业出海投资的阶段，专注于投资海外的初创型私募基金数量较少，另外中国出口信用保险公司作为一家主营业务为信用保险业务的公司，其对于投资业务的涉及还有待商榷和批准。诚然，投资私募股权基金是一个值得考虑的发展方向，其好处不仅局限于直接向企业提供金融支持，还可以通过私募平台，使更多社会资金向新兴市场的私人公司流动，达到间接促进企业融资的效果。

三、合格投资人、投资项目及东道国

（一）合格投资人

1. 中国出口信用保险公司

鉴于信用保险通常带有政策导向的特点，海外投资险尤其起到支持"一带一路"倡议发展和中资企业"走出去"的作用，因此，中国信保在海外投资险项下的承保主体为中方投资人或金融机构。

中国信保在海外投资险项下对中方投资人的持股比例没有明确的限制，通常情况下中方投资人为项目控股股东。中资企业的海外投资涉及领域广泛，既有纺纱、玻璃制造等轻制造业，也有电站、电网建设和石油、矿产开采等资本密集型项目。不同的项目，往往会有不同的投资结构。港口开发、道路建设和能源开采与运输等基础建设项目，往往涉及一国的国计民生，大部分东道国会要求外国投资人必须与本国国有企业进行合资。东道国国有企业通常以矿产或能源的开采、经营许可权进行出资，占项目企业股份比例 10%~50% 不等。一般情况下，海外投资险项下的合格投资主体需要由中方投资人控股。这也是海外投资实践中比较常见的商业模式。

但中国信保海外投资险也承保了中方投资人作为小股东的项目。比如，石油开采和运输等资本高度密集的项目通常会涉及多国投资者联合开发，虽然中资企业的出资高达十几亿美元，但占项目企业股比不足 10%。中国信保在海外投资险项下对该类项目也予以了承保。

2. OPIC

无论是向 OPIC 申请贷款和担保、政治风险保险还是私募基金资金，申请人首先必须具备"美国成分"（American Connections）。[1]

对于贷款、担保和私募基金服务的申请人来说，OPIC 要求申请人必须是由美国实体持股 25% 以上的美国公司，或美国实体持股 50% 以上的外国公司。私募基金的申请人若能够从美国投资人处募集资金总额等于或大于 OPIC 资金的 25%，也可以向 OPIC

---

〔1〕 参见《合格投资者的美国成分》U. S. Connection Requirements for OPIC-Supported Project，https://www. opic. gov/sites/default/files/files/us-nexus-fact-sheet-2017. pdf，最后访问日期：2018 年 12 月 30 日。

申请融资。[1]

对政治风险保险的申请人来说，美国成分的要求更高。想必这与政治风险保险通常需要政府之间签订双边协定，由美国政府背书有关。OPIC 要求政治风险保险的申请必须是：①美国公民；②由美国公民最终持股 50% 以上的美国实体；③由美国公民持股 95% 以上的外国公司；④由美国实体全资持有的外国实体。[2]

（二）合格投资项目

这里说的合格投资项目，是指对于项目的一些基本考量，而不是指项目的承保条件。承保条件往往涉及项目的方方面面，包括投资者经验、项目经济可行性、市场情况、合规性、风险评估、对当地经济和社会的影响等因素。因每个项目的具体情形不同，承保条件考量的具体内容会有所不同。这里我们的讨论不涉及海外投资险项目的具体评审要求，而是讨论什么样的项目是合格投资项目。

1. 中国出口信用保险公司

其一，从合规性上来说，投资项目必须获得国内、国外的各项审批文件。国内审批文件主要包括商务部、发改委的审批文件；国外文件主要包括项目企业的注册文件、股东出资证明和各类许可证。其中尤以涉及能源开采、环境评估的许可证最为重要。通常，对于某环境评估事项，如东道国当地有明确标准，采取当地标准；如东道国当地没有明确标准，采取中国标准；如果中国没有标准，采取国际标准。遵守东道国法律、获得上述许可文件是项目能够获得承保的基本前提，也是中信保海外投资险保险单的生效前提。

其二，从投资类型上来说，中国信保的海外投资险产品主要为绿地项目设计，历史上中国信保虽承保了一定数量的收购项目，但未来对收购项目的承保将趋于谨慎。在海外投资实践中，中资企业的投资有相当一部分以并购形式实现，而非绿地投资。但并购项目的承保在各国都是承保的难题，主要因为难以对并购项目的收购溢价进行定损核赔。因为收购溢价的部分损失难以公允地在账面上予以体现，中国信保及绝大部分信用保险机构都倾向于审慎对待收购项目的承保。

2. OPIC

前文提到，OPIC 投资的项目不得对美国就业和经济带来负面影响。OPIC 下属的投资政策办公室（Office of Investment Policy，以下简称为 OIP）对每一个投资项目可能给国民经济带来的影响进行评估，考量投资项目对美国本地的就业（是否为转移工厂）和美国进出口的影响。

OIP 还会对项目是否在环境和社会方面可持续、是否尊重人权和劳工权利、是否能

---

[1] 参见《合格投资者的美国成分》U. S. Connection Requirements for OPIC-Supported Project, https://www.opic. gov/sites/default/files/files/us-nexus-fact-sheet-2017. pdf，最后访问日期：2018 年 12 月 30 日。

[2] 参见《合格投资者的美国成分》U. S. Connection Requirements for OPIC – Supported Project, https://www.opic. gov/sites/default/files/files/us-nexus-fact-sheet-2017. pdf，最后访问日期：2018 年 12 月 30 日。

给东道国带来积极的影响三个方面进行评估。[1]其中，环境和社会可持续性要求的适用最为广泛，无论是申请 OPIC 的贷款、担保、政治风险保险还是基金募集，申请人必须保证投资项目符合 OPIC 的环境和社会可持续性要求。[2]

OPIC 制定的《环境和社会政策声明》（Environmental and Social Policy Statement）具体解释了环境和社会可持续性要求的内容。其将投资项目的环境可持续性分为 A、B、C、D 四个等级：A 级意味着投资项目会对环境和社会造成严重的负面影响，该影响不可逆、敏感、多样且缺乏补偿措施。如原油冶炼、大规模工业制造、大型温室气体排放项目等。B 级项目会给当地环境和社会带来一定的负面影响，通常局限于一定地区，可以通过一定的手段予以减轻。如伐木设备融资项目、大坝项目等。C 级项目通常只会给当地造成很小的负面影响，如不涉及基础建设、投标保证金和数据处理的金融服务和通信项目。D 级则专为金融中介机构保留，这些金融机构为可能涉及 A、B、C 级环境问题的企业提供融资。

（三）合格东道国

由于我国海外投资保险制度采用的是单边模式，即当东道国出现政治风险时，投资者会损失资金。投资者可以向本国政府机构设立的承保机构进行索赔，而投资者政府机构只能依据国际法上的一般原则向东道国索赔，从而有可能导致索赔难度加大，时间变长，甚至无法取得赔偿。美国采用的保险模式则是双边模式，即其可以根据两国签订的双边投资协定行使代位求偿权，提高索赔的成功率。故中国信保规定的投资国家没有受到双边投资协定签订国家的限制，则除了受联合国和美国制裁的国家外，中国信保对东道国，即投资目的地，并没有特殊的限制。目前中国信保海外投资险项下已遍及非洲、东南亚、美洲和欧亚大陆等主要地区。

OPIC 则不同，目前其在 165 个发展中国家和战后地区获得授权，能够为企业提供融资、承保服务。[3]这 160 多个国家中，拉丁美洲和加勒比海地区的国家有 40 个，东欧和欧亚大陆国家 35 个，非洲和中东国家 61 个，亚洲和太平洋地区的国家 29 个。

OPIC 的授权来自美国与东道国之间签订的双边协议，即《投资优惠协议》（Investment Incentive Agreement）。OPIC 在其官网公开了全部 165 个双边协议。笔者在翻阅了多个双边协议，重点阅读了美国和印度、美国和俄罗斯之间签订的《投资优惠协议》后发现，该协议文本为标准文本，且专就 OPIC 的职权、政治风险等内容进行规定。比

---

[1] 参见 OPIC 官网：https://www.opic.gov/who-we-are/investment-policies，最后访问日期：2018 年 12 月 30 日。

[2] 参见《环境和社会政策声明》（Environmental and Social Policy Statement），https://www.opic.gov/sites/default/files/files/final%20revised%20ESPS%2001132017（1）.pdf，最后访问日期：2018 年 12 月 30 日。

[3] 参见 OPIC 官网：https://www.opic.gov/doing-business-us/OPIC-policies/where-we-operate，最后访问日期：2018 年 12 月 30 日。

如，OPIC 可以行使投资人的求偿权、其行为不受东道国的法律约束；[1]当东道国出现征收、战乱、汇兑限制时，OPIC 有权就美国企业所受的损失向东道国求偿。[2]除此以外，该协议还规定了仲裁条款。[3]

OPIC 仅就在这 165 个国家范围内的投资提供融资服务。在没有与美国签订该类双边协定的国家和地区，OPIC 就没有相应授权，无法代替企业就在东道国发生的损害代位求偿。

四、海外投资险业务比较分析

与 OPIC 只专注于解决美国公司海外投资的风险不同，海外投资险产品只是中国信保的众多产品之一。中国信保的贸易险产品和中长期产品覆盖面更广，成熟度也更高，基础交易结构也相对比较清晰。因此，无法对 OPIC 和中国信保直接进行对比，两个公司完全是不同体量。但是我们可以对 OPIC 和中国信保的海外投资险产品进行比较，反思自身不足、学习有益的经验。

（一）海外投资产品类型有待扩展

虽然中国信保海外投资险产品发展历史相对较短，但从产品上来说，两国在海外投资险领域产品类型大体相同，主要包括海外投资险股权产品和债权产品，承保风险包括战争与暴乱、征收和汇兑风险，附加承保违约风险等几个类型。另外从作为商业贷款补充的定位上也大体相同，不同的是 OPIC 除了提供政治风险保险产品以外，还通过私募平台，使更多社会资金向新兴市场的私人公司流动，达到间接促进企业融资的效果，值得中国信保去研究学习，以帮助中国实现更高水平的开放。

（二）缺少立法和明确的法律授权

我国的信用保险业务已开展近 20 年，但目前国内尚未有针对信用保险业务的立法。部分西方发达国家，如英国、荷兰，已对信用保险业务进行明确立法。这些国家通过立法的方式明确信用保险的功能目的、服务内容、保险人和被保险人的权利义务以及信用保险公司的地位，将信用保险业务与一般财产险业务进行区分，明确信用保险业务的政策性功能和信用保险公司代替被保险人向主权国家进行追偿的地位。

---

〔1〕 参见《美印投资优惠协议》第 3 款，Investment Incentive Agreement between The Government of The United States of America and The Government of India，p. 2，https：//www. opic. gov/sites/default/files/docs/asia/indiabilateral. pdf，最后访问日期：2018 年 12 月 30 日。

〔2〕 参见《美印投资优惠协议》第 1 款和第 4 款，Investment Incentive Agreement between The Government of The United States of America and The Government of India，p. 1，p. 4，https：//www. opic. gov/sites/default/files/docs/asia/indiabilateral. pdf，最后访问日期：2018 年 12 月 30 日。

〔3〕 参见《美印投资优惠协议》第 6 款，Investment Incentive Agreement between The Government of The United States of America and The Government of India，p. 5。https：//www. opic. gov/sites/default/files/docs/asia/indiabilateral. pdf，最后访问日期：2018 年 12 月 30 日。

通过上文比较合格东道国，我们不难发现，OPIC 的建立不仅有明确的法律依据，且其能够承保的项目必须为已与美国政府签订《投资优惠协议》的国家。《投资优惠协议》在性质上属于两国政府签订的双边协议，该双边协议往往明文授权 OPIC 在东道国发生政治风险后，可以代替投资人向东道国政府进行追偿。且协议中通常会对法律适用进行一定的约定，避免东道国以遵守本地法律为由妨碍 OPIC 的追偿行动。

而我国尚未有明确的法律对中国信保的地位、功能进行约定，在与其他国家签订的双边协议中，往往也未对中国信保的介入予以考虑并进行约定。中国信保在海外投资险项下对被保险人进行赔付后，往往面临追偿的困难。一方面，中资企业必须向中国信保转让权益，但在项目企业发生部分损失的情况下，企业仍需要继续运营，向中国信保转让权益不符合企业实际运营的需要；另一方面，该代位求偿权可能不被东道国政府所认可，东道国可以辩称该代位求偿的约定仅发生在保险人和被保险人之间，适用域外法律，本地法律对此不予认可等理由拒绝承认中国信保代位求偿的合法地位。

如我国能够对信用保险业务进行立法，明确信用保险业务的功能及其特殊之处，确认中国信保在国内保险市场的地位，将有利于划分保险人和被保险人的权利与义务关系，也有助于体现信用保险业务的政策导向性。如我国在对外签署双边投资协议时，能够考虑到中国信保在海外投资风险中扮演的缓冲风险的角色，将中国信保的权利、地位明确纳入双边投资协议，则中国信保在对东道国的侵权、违约行为进行风险处置时便获得了法律依据，将有助于中国信保在海外投资险项下最大限度地发挥保后管理和风险处置的功能。

五、结论

海外投资行为周期长、法律关系复杂，如发生政治风险，投资者和东道国之间的争议解决往往耗时长、费用高。并且因为法律关系可能受多国法域管辖，争议解决的结果往往面临较高的不确定性。鉴于上述特点，无论是 MIGA 还是各国信用保险公司，往往都倾向于采取协商、谈判、重组等方式释放风险，而非直接走向国际仲裁。中国信保极具特色的保后管理阶段，就是为了能够在被保险人正式向保险人索赔前，对风险进行处置。各国信用保险公司通常都由国家设立，在对外关系上，有的国家直接通过授权的方式，使得信用保险公司的行为能够代表政府行为。因此在发生政治风险并触发保险责任时，实际上是两国政府在对相关的投资损失进行交涉。未来随着我国经济实力的不断增强，在国际投资领域中，中资企业将越来越需要一个强有力的中介机构代表中国政府、代表中国企业，化解海外投资中的政治风险、处理投资合作中的难题。

本文对中国信保海外投资险业务和 OPIC 进行了比较与分析，希望能够通过比较发现我国海外投资险业务中存在的问题，从发展历史较为悠久的 OPIC 学习经验，并获得一些启示。OPIC 的产品、制度设计对于解决我国海外投资保险业务中出现的问题很有借鉴意义。虽然目前中资企业"走出去"以投资资本密集型的产业为主，但随着国内产业升级的不断发展，可以预见未来中资企业的海外投资也将更加多元化发展。产业多元化发展一方面将有助于信用保险公司分散风险，避免海外投资险产品过于集中于某一国家的某一行业；另一方面未来多样化的投资内容和方式，也必将对海外投资保险产品提出新的要求。OPIC产品的设立有明确的法律依据，且产品类别清晰、手段多样化，投资政策和目标明确。尤其是其通过投资私募股权基金，可以带动社会资本参与，为助力海外投资提供更加雄厚的资本力量，我国不妨在模仿中学习，在实事求是中发展出符合我国企业"走出去"需求的产品，使中国企业成为带动全球经济发展的主力军。

最后，中国信保作为政策性机构有义务引导中资企业在海外承担起更多的国际责任，树立良好的国际形象。中国信保所承担的政策性职能不仅应当考虑我国政策与利益，还应学习OPIC要求"走出去"的投资项目必须符合当地的法律和规范，并且能够为当地社会经济水平带来正面的影响，对环境等问题予以充分考量，对于出现贪污腐败、不守法不合规等情形的项目，第一不予承保，第二不予赔付，以强调政策性金融机构仅支持中资企业合法合规的投资行为。这样不仅有助于优化中国企业的形象，还能够推进两国关系、体现国家的对外政策。

学术专论

突破基因发现可专利性窘境之路径探讨与我国机遇

赵恒宇[1]

内容提要： 基因发现可专利性窘境解决的根本途径，是肯定科学发现的可专利性进而肯定基因科学发现的可专利性。这样做既符合专利法的宗旨又符合大部分的专利授权史、还符合许多国家的立法。认为科学发现不可专利的做法并非原则更非铁律，它只是一定时期一定地区的做法。况且，这一状况正在改变。鉴于西方国家体制上的制约，这种改变有一定的长期性。这种长期性是我国难得的机遇，我们有必要并有可能赶在西方国家之前通过修改《中华人民共和国专利法》（以下简称为《专利法》）等法律法规，在相当程度上承认科学发现和基因科学发现的可专利性，以便吸引国内外的基因科研人员申请中国专利，优先造福中国。

关键词： 基因功能　可专利性　科学发现　长期性　机遇

---

〔1〕　赵恒宇，西北政法大学国际法学院，副教授，硕士生导师。

　　基因发现可专利性之争的对立双方——不可专利观与可专利观形成了这样一种窘境，不可专利观虽依据现行专利法规定合乎逻辑地推出了不可专利的结论，即经分离的DNA是自然界已有之物而被归入不可专利的"科学发现"范畴，但这个结论客观上不符合专利制度的宗旨，不利于推动相应的科技研发和社会的长远福祉；与之对立的可专利观的结论本身有利于社会经济的发展、符合专利制度的初衷和宗旨，但这个结论却又是通过违反逻辑的论证方式取得的。其论证过程往往是为使DNA相关科学发现可以申请专利，就不得不援引专利制度的宗旨与社会效益，称不予专利就得不到投资，影响社会效益，与此同时，由于其主张不符合专利法的规定和逻辑规则因而提出诸如"基于技术阐释的发现……是一项发明"和"宽泛地解释"现行专利法等回避甚至违反逻辑的论证。那么，能不能建立一种制度，既能符合专利制度的宗旨同时又符合逻辑呢？回答应当是可以的，而要做到这一点就应明确专利制度宗旨、法定可专利主题与标准、形式逻辑和生物科技发展这四者间的相对关系。首先，生物科技发展及其实用性效果客观存在，其未来的发展取决于人类相关专利制度对生物科技的肯定态度，这一点是恒定的；其次，专利制度的宗旨，该宗旨是恒定的不可改变的；再其次，形式逻辑，它也是恒定的不可改变的；最后，法定可专利主题标准，它是可变的。可变的根据在于可专利主题标准基于专利宗旨而设立，主题标准设立后如果其适用符合宗旨，标准就应当维持，但如果不能有效地实现宗旨，那么要改变的就不是宗旨而是具体标准。基因科技所带来的冲击已经到了这样一种程度，即现有的标准尤其是科学发现不可专利的传统已经异化为阻碍科技进步，不利于整个人类获得基因科技带来的福祉的消极标准。所以，有必要将基因发现明确置于可专利主题范畴，这个大前提一旦确立，那么基因功能发现的可专利性也就自然符合逻辑而顺理成章了。

一、基因发现是符合专利法宗旨的可专利主题

（一）科学发现是可专利主题

　　基因科学发现不可专利的逻辑是：科学发现不可专利，基因功能发现属于科学发现，所以基因科学发现不可专利。这里，"科学发现不可专利"似乎已经是一个没有疑问的共识甚至被奉为专利制度的一项原则。正是这一"原则"作为大前提，从逻辑上将基因发现挡在了可专利主题大门之外。笔者所见，"科学发现不可专利"既非共识更不是"原则"，科学发现是符合专利法宗旨的可专利主题。要论证这一点，需首先重温专利法宗旨和专利制度如何实现其宗旨。

　　专利法的宗旨与专利制度，"专利制度是给天才之火添加利益之油"这一镌刻在美国商务部大门上林肯名言的实质，是倡导国家、社会以专利权之利益催生人类智力成

果，实现专利制度的初衷和宗旨。《美国宪法》之"促进科学和实用技艺的进步"和我国《专利法》的"促进……经济社会发展"均是这一宗旨的体现。在此方面，理论上较为详细的表述通常是，专利权是"政府对自由市场经济的大规模干预行为"，该干预行为"通过调控社会成本与社会收益来增加国家的财富"。[1]换言之，专利权是一种由政府创设的财产权，该财产权对刺激和促进国家经济有着巨大的推动作用。

专利权之所以能够产生上述作用应当归因于专利权的垄断性特征。"垄断"一词常常带有贬义，往往被用以表达反竞争行为。但专利权的垄断性则有所不同，其较为合理的表达应当是政府对潜在的垄断力量附期限的让渡。[2]从全社会的角度看，这种让渡既可以用于积极的方面，也可以用于消极的方面。回溯历史，早在英王伊丽莎白一世时期，专利权是作为个人的优惠被授予王室密友。例如，女王给予一位朋友食盐专卖权，给另一位朋友食醋专卖权，给第三位朋友扑克的专卖权。这些"专利"是完全的消极意义上的垄断，因为它们把原来公共领域可以广泛获得的供货渠道变得更为狭窄，这些"专利权人"就成了相关产品的唯一来源，导致其价格上涨而供货减少。这样的所谓"专利"优惠是对效忠的奖励而不是对创新的鼓励。如今的专利权则完全不同于伊丽莎白给予她朋友的特权，专利权人的权利仅仅针对创新的或非易见性的发明而排斥他人制造、销售、供货、使用和进口。所以，真正现代意义上的专利权只是提供了新技术的控制权，而不是提供公共领域已有技术的控制权。

法律制度对专利权垄断性的认可和实施产生了两个效果：社会代价与社会收益。

第一，社会代价。专利制度为公共领域设置了一系列的短期成本或其他付出。这一点可以从微观经济层面看出，即比较一个没有对产品设立专利的纯自由竞争市场和一个对相关产品设立了专利的市场；后者相对于前者会出现产品供货下降并且价格上涨。

创设并维持一个专利制度还需要相当可观的行政管理费用，美国国家专利商标局就拥有7000名以上的员工，年预算达30亿美元以上。[3]

专利制度的另一社会成本，是不同的公司和个人可能在同一领域从事研发所形成的重复和重叠。因为在一个领域最后只有一个可专利主题被授予专利权，其他未被授予专利权的发明人不但不能得到专利，而且还需从专利权人那里获得许方可免受侵权之债。

另外，由于某些领域一些专利的有效性存在不确定性，导致一些本可以进行的研发而没有研发。研发者担心，如果这些专利有效，而他们又从事了研发，势必白白地付出而无法得到专利；而那些有效性不确定的专利一旦被确认无效，就会使得本来可

---

〔1〕 See R. Carl Moy, "The History of the Patent Harmonization Treaty: Economic Self-Interest as an Influence", *John Marshall aw Review*, Vol. 26, 1993, p. 473.

〔2〕 See Janice M. Mueller, *Introduction to Patent Law*, Aspen Publishers, 2003, p. 18.

〔3〕 See Dennis Crouch, *USPTOs Budget to Rise Significantly*, http://patentlyo.com/patent/2014/01/usptos-budget-to-rise-significantly.html, 最后访问日期：2017年10月7日。

以进行的研发发明而没有进行。社会为此付出了本可以获得的新发明。

第二，社会收益。社会为专利制度所付出的代价为社会换来了重大的收益。专利权这种有时限的排他权利强有力地激励了新的发明源源不断出现，从而回馈社会。社会因对专利的存在和认可所获收益可以说贯穿一项专利的始终。当一项专利申请公布时，公共领域因信息公布而受益。专利法通常要求所公布的信息应当是可以实施的，如此，其他人可以在该专利失效后利用该发明，也可以在有效期内正当从事相关实验。一旦申请发表，既可阅读、学习、研究其中的信息，同时他人还可以从事同样可以实现该专利的目的但方式却不同的发明，从而避免侵权。当专利得以在一国实施时，即专利权人或获得专利许可的人在专利有效期内实际从事专利技术的生产和销售时，该国的经济必然受益。随之会在总体上促进销售，创造就业机会，激励投资。一旦专利失效，发明就进入共有领域，人人都可免费生产和使用，只要该使用没有被另一专利所涵盖以及法律所禁止。

以上论及专利制度的宗旨时，主要是从发明的角度论证该可专利主题如何具体推动和实现宗旨，这也同时表明发明作为可专利主题已是共识。那么，科学发现能不能作为可专利主题并促进宗旨的实现呢？对此持否定态度的人不论中外的确不在少数。他们认为自然法则、自然现象和抽象观念的科学发现不予专利的根据常常基于这样的认识：发现是"显示自然、人人享有而不属于任何人所独享"[1]的事物。然而，运用已知的自然法则制造新的有用的结果与运用新发现的法则做类似的事情是不相同的。对于前者，除了新的结果之外没有任何新的发现；对于后者，伴随有用的结果产出的同时是自然法则的揭示。在发现人揭示那自然法则的时候，我们不能说给他有限的专利权意味着他取走了人类先前已经拥有的事物，因为当那自然法则未知之时，它也就不被拥有。假定某国某地区自然生长着一种植物，这种植物可以治疗癌症这一人类竭力攻克并耗资巨大的顽疾。有人现在发现了这种植物的疗效，该疗效显然对提升相关科技水平是有益的，而且通过进一步的实验很可能挖掘出其他更多的有用的功能。这里，癌症的致命威胁与治疗癌症的功效两者之间交换的达成可以通过赋予发现人有限的垄断权即专利权而实现。这时，获得专利权的该抗癌植物的发现人所取走的不是人类已经拥有的该抗癌植物的知识，因为在发现人发现并揭示该知识之前，该知识不被人类所拥有。

换言之，对于虽是自然的存在却不为人知的主题，就不能归入公共领域，而如果未知的存在也属于公共领域，那么任何发明、发现、设计都会因属于公共领域而不可专利。所以，对社会未知主题的揭示授予有限的专利权并不会让社会丧失什么，而拒绝专利给社会所带来的损失则是难以计量的。比如在医药领域，排除自然产品的可专利性会明显地降低药厂研发药品的能动性，一个自然产品的发现人就不得不对自然产品做实质性的改变，以便将其归入合成物等可专利的主题范畴，但这么做往往就会降

---

〔1〕 Funk Bros. Seed Co. v. Kalo Inoculant Co., 333 U. S. 127, 130 (1948).

低产品的疗效；另一个消极效果是药品公司会径直决定将发现加以保密以保护其投资。总之，对科学发现提供专利保护能够鼓励研发者投入时间和资源去从事揭示未知自然法则的工作，科学发现作为可专利主题能够推动技术进步、造福社会，实现专利法宗旨。

在实务历史方面，近年来另有学者指出，[1]任何人在自然产品（科学发现）不可专利这个问题上寻求历史上正确答案的努力都是令人失望的。判例法显示，在此问题的历史上并没有统一的答案。20世纪之前，并不存在"自然"产品的法律范畴，当时只有一些规则在跨科技领域规定新颖性、独特性等，未涉及自然产品的来源。到了20世纪30年代，美国专利局就曾经对于分离的自然产品存在两种态度，有时拒绝授予专利，有时又认可并给予专利保护，其中对激素的专利保护就属此类。在对自然产品禁止专利的做法中，也因个案的不同而不同，未见完整的规定。有意思的是，对分离并纯化的产品给予专利的做法比拒绝授予自然产品专利的判例还要早。

在立法方面，我们更是能够看到科学发现作为可专利主题的依据。各国专利法及其实施细则和审查指南所列可专利主题应是立法者或法规制定者认为符合专利制度宗旨的，这当中自然包括科学发明。但如果科学发现也被立法者列入可专利主题，那么至少在立法者看来，科学发现也符合专利制度的宗旨。

检视美国专利法渊源之原文可见，科学发现是可专利的主题。对此，《美国宪法》及《美国专利法案》（Patent Act）（以下简称为《法案》）均有明文规定。

《美国宪法》第1条第8款第8项规定："为促进科学和实用技艺的进步，对作家和发明家的著作和发现（Discoveries），在一定期限内给予专利权的保障。"[2]

《美国宪法》授权国会推动"实用技艺"之进步，而履行该授权的机制即《法案》。翻开《法案》第100条（Section 100）可见，"发明"被定义为"发明或发现"；[3]第101条（Section 101）有关"可专利的发明或发现"被界定为"任何人发明或发现任何新的有用的流程、机器、产品，物质的合成，或任何新的有用的改进，可以获得专利，只要满足（本法案）规定的条件和要求"。

其实，我国的专利法体系也从侧面表达了基因科学发现的可专利性。我国《专利法》以"促进……经济社会发展"为宗旨，该法第25条第1款第（一）项明文拒绝科学发现的可专利性，那么从逻辑上来说如果给予科学发现专利就有违我专利制度的宗

---

[1] See Christopher Beauchamp, "Patenting Nature: A Problem of History", *Stanford Technology Law Review*, Vol. 16, No. 2, 2013.

[2] "To promote the Progress of Science and useful Arts, by securing for limited Times to Authors and Inventors the exclusive Right to their respective Writings and Discoveries;" *U. S. Constitution – Article 1 Section 8*, https://www.usconstitution.net/xconst_A1Sec8.html，影印版见 https://www.wdl.org/en/item/2708/view/1/2/，最后访问日期：2017年11月7日。

[3] See 35 U. S. C. A. § 100. https://1.next.westlaw.com/Link/Document/FullText? findType = L&pubNum = 1000546&cite = 35USCAS100&originatingDoc = I95a8940136e711db8382aef8d8e33c97&refType = LQ&originationContext = document&transitionType = DocumentItem&contextData = （sc. Default），最后访问日期：2017年11月7日。

旨。但是，国家知识产权局《专利审查指南》（2010 年）（以下简称《指南》）第十章第 9.1.2.2 项"基因或 DNA 片段"规定：……如果是首次从自然界分离或提取出来的基因或 DNA 片段，其碱基序列是现有技术中不曾记载的，并能被确切地表征，且在产业上有利用价值，则该基因或 DNA 片段本身及其得到方法均属于可给予专利保护的客体。这里的"基因或 DNA 片段"本是自然界已有之物，分离或提取并非结构上和性质上的改变。分离或提取即使是首次，其性质和意义是其功能的揭示因而仍然属于科学发现。这表明基因功能科学发现在我国已经是可专利的客体。《指南》既然赋予了这种可专利性，而《指南》又是依据《中华人民共和国专利法实施细则》和《专利法》而制定，因此，在我国，我们至少可以说"赋予经分离的基因科学发现以可专利性符合我国专利制度的初衷和宗旨"。

另外，从语义的角度来看，极富权威性的《韦氏大学（学院）词典》对"发明"的明确定义是"发现"（discovery, finding）。[1]而美国的贾尼丝·M. 米勒教授在其专著中论及"发明"时所举的例证竟然也是 DNA 双螺旋结构这一举世瞩目的"发现"。[2]

还有，即使科学发现曾经直至目前都不可专利，那也不等于其不可改变。比如"专利'三性'标准历史演进以及每一标准的内在发展过程表明，随着科学技术的不断进步和日益多元，专利'三性'的判断在趋向客观、准确和完善的同时也充满变数和不断面临新的挑战……"[3]这一论断表明，自人类建立专利制度以来，专利标准是可变的。而这种改变只要能够有效地实现专利制度的宗旨，就是应当肯定的。同理，科学发现不可专利的禁忌应当打破，因为该禁忌的建立本身就存在严重的瑕疵，而赋予其可专利性符合专利制度的非显而易见性，将其列为可专利主题的行列，经得住专利制度宗旨的检验。

当科学发现被认定为可专利的主题之后，那么所有以基因科学发现属于科学发现为由主张其不可专利的观点就失去了根据。

（二）充分肯定基因科学发现之非显而易见性

用专利三性中的新颖性和实用性标准检验科学发现通常异议不大，而且笔者曾撰文对基因科学发现之实用性作了较详细的探讨并给予了充分肯定。

关于非显而易见性的含义在学理上和法律渊源中均有不同的表达，欧美之间也存在差异。学者的观点主要有：它是一个社会衡量并接受一项有价值的发现的尺度；[4]它激励基础性研究而不是渐进的改良……《法案》第 103 条关于非显而易见性的规定

---

〔1〕 https://www.merriam-webster.com/dictionary/invention，最后访问日期：2017 年 1 月 25 日。

〔2〕 See Janice M. Mueller, *Introduction to Patent Law*, Aspen Publishers, 2003, p.18.

〔3〕 李宗辉，"专利'三性'标准的历史演进及其启示"，载《电子知识产权》2015 年第 6 期。

〔4〕 See Mojibi, A., "An Empirical study of the Effect of KSR v. Teleflex on the Federal Circuit's Patent Valdity Jurisprudence", *Albany Law Journal of Science and Technology*, Vol. 20. No. 3, pp. 559-596.

是，如果申请专利的客体与现有技术之间的不同是这样一种程度，即在该客体所处的技术领域中一般技术水平的人员看来，该客体作为一个整体，在发明完成时是显而易见的，则不能获得专利。[1]那么，DNA 分离是否易见呢？如下从分离 DNA 到分离后 DNA 功能的探测过程，其非显而易见性可见一斑。

DNA 分离是综合采用物理化学方法对生物样本进行 DNA 提纯的过程。该过程的基本分离程序步骤包括：第一，样本细胞的制备；第二，破开细胞膜以暴露 DNA 以及细胞浆；第三，洗除细胞膜和细胞核上的油脂；第四，加入蛋白酶以破开蛋白质（可选步骤）；第五，加入核糖核酸酶以破开核糖核酸分子 RNA（可选步骤）；第六，加入浓盐水使得破开的蛋白、油脂和核糖核酸分子 RNA 等细胞碎片聚合结块；第七，用离心法使得上述结块细胞碎片与 DNA 脱离；第八，DNA 纯化程序。

在此之后则需要对 DNA 进行侦测：首先用二苯胺（DPA）指示剂确认 DNA 的存在。运用索瑟恩吸印技术，可将量化的 DNA 分离出来，然后采用聚合酶链式反应和 RFLP 分析法对分离出来的 DNA 进一步检测。对相应 DNA 功能的发现将在此程序基础上进行。[2]

如上过程对相同领域的同行技术人员来说，如果要发现分离并确定相应的基因功能，也不得不严格依照上述复杂且高技术含量程序来进行，否则相应功能不仅不易见而且是不可见的。

基因科学发现除了技术上的艰巨性，还需要大量的时间投入、资金投入及其高风险承担和研究人员的努力。

二、统一认可科学发现可专利性的可能性与长期性

尽管基因科学发现的可专利性符合专利制度的宗旨、大量的史实、立法和司法实践，但否定其可专利性的做法依然存在，其中以美国联邦最高法院 2013 年终审判决最为突出，影响可能也是最大的。不过，该判决不利于基因科技的发展、有违专利法的宗旨和初衷，是不会长期维持下去的。

（一）统一认可的可能性——以欧美为例

美国 2013 年联邦最高法院终审判决基因科学发现不可专利，改变和修订了实行 30 年的美国基因专利实践。该判决虽为终审判决，但终审未必不可改变，事实上它所遭受的质疑日甚强烈，认为其专业水平不及美国 CAFC。之所以这样认为的一个重要原因在于，CAFC 是作为对专利确权、侵权诉讼的专属上诉法院，其法官的组成是专利方面的专家，是"专才"，而联邦最高法院虽然级别高于 CAFC，但其法官未必是谙熟专利的专家而只是普通法之"通才"。简言之，联邦最高法院的终审相当于高级别的"通

---

〔1〕 参见关健："美国非显而易见性判定实践的误区和难点"，载《知识产权》2012 年第 7 期。

〔2〕 http://en.wikipedia.org/wiki/ONAextraction，最后访问日期：2017 年 7 月 4 日。

才”改变了低级别“专才”的裁决，言外之意是不专业的甚至是外行的上级法院否定了专业的下级法院的正确判决。人们强烈地认为最高法院应当给予 CAFC 更多的尊重，理由很简单，这些法官有着专家的背景，如果不这样做就会破坏专门法院的权威及其优势的根基。

立法方面，议会立法推翻或更改最高法院决定并不少见。例如，2003 年 Moseley v. Secret Catalogue 案中，联邦最高法院适用 1995 年《美国商标反淡化法》关于认定“导致淡化”驰名商标显著性品质时认为，“淡化”必须实际显示出来。但 2006 年国会为改变该案通过的该法修正案将“导致淡化”修改为“可能导致淡化”。历史上，确实存在过议会推翻最高法院可专利主题的其他先例。2011 年《美国发明法案》实施后，国会于 2013 年中期开始进行密集针对专利的“全面战争”（full scale war）。越来越多的专利律师和专利相关机构已经在起草议案，要求通过立法改变近来最高法院的几项裁决以改良专利主题。它们甚至主张修改专利法使得可专利主题的规定更有利于科学发现。

联邦最高法院 2013 年不承认基因科学发现可专利的裁决，虽是终审的裁决，但“专才”们对它的质疑却是更内行、更专业、更符合专利法宗旨，加之美国国会本身存在着改变法院裁决的机制和先例，所以有充分的理由相信，修改以致推翻相关终审裁决只是时间问题。

在欧洲，也已经出现了与美国类似的情况，欧盟法院在 Monsanto、Brüstle 和 ICC 三案的裁决中对欧盟《关于生物技术发明的法律保护指令》所做的阐释，被认为是非专门法院对于专门法院的技术专家意见漠不关心，从而加剧了已有的争论。2012 年欧盟成员国与欧洲议会达成的《专利一揽子方案》含有一项立法动议，即为统一欧盟专利保护提供基础；方案的另一重要内容即建立统一专利法院（Unified Patent Court，以下简称为 UPC）并适用统一专利诉讼制度。该法院具备专利特别管辖权、拥有特殊训练过的专利法官。它被视为新统一专利法院体制下更为特殊的诉讼机制的精心设计。在新的统一专利法和统一专利诉讼框架下，欧盟法院对专利法的干预较为有限，而更为专业的法院和法官意见，有望成为专业的裁决。所以，视科学发现为可专利的主题在欧洲也是可以强烈期待的。

以上可见，美欧在科学发现可专利问题上已经呈现趋同，对待基因科学发现的态度也会趋于一致。这种趋向基于一个共同的认识：否定科学发现的“风险在于会导致推动技术进步的源泉枯竭”。为此，它们着力采取的策略是大西洋两岸对有关发展持续的研究，以期达成合理实用的妥协，至少能收窄范围，以使专利适格性钟摆能够继续摆动。

（二）统一认可的长期性

尽管授予基因科学发现专利权乃客观大趋势，但距离全球性地统一认识并进而采取完全一致的共同立场，尚需时日。

在全球范围来看，存在着与专利权相关的国际组织和国际条约，但专利法的地域性仍然存在，可专利主题基本上是由各国自己规定。比如 TRIPS 协议第 27 条可取得专利事项规定的是：所有技术领域内的任何发明，无论是产品还是工艺，均可取得专利，只要它们是新的、包含一个发明性的步骤，工业上能够适用……专利的取得和专利权的享受应不分发明地点、技术领域以及产品是进口的还是当地生产的。条文中的"发明"是否包含科学发现，协议本身并未明文规定，更未否定生物科技领域的专利权问题，所以基因科学领域的基因片段和干细胞等的可专利性问题就留给各个成员国自己决定。

在观念上，上文虽强调专业法院对形成统一认可科学发现的益处，但与之同时反向担忧也是存在的。欧洲的一些学者声称，过度专业和独立的 UPC 会发展出忽视一般法律原则和价值观的另类判例法，甚至警告 UPC 在欧盟将来的专利制度中可能演变为一个中央政策制定者，并且鉴于其制度性设计，它会偏向特定的政策目标，对此如果失察，可能引向孤立主义、使用不当和发展出长期被视为重要的机制。在美国，围绕联邦最高法院近来判决的争论中，有人认为承认基因科学发现之可专利性是"超激进主义"（hyperactivism）并不足取。

另外，美国成文法立法程序和判例法复杂性的存在，也会使得国会相关立法在改变联邦最高法院终审裁决方面存在一定困难，完全承认科学发现可专利性的新法律不会一蹴而就。

受自身体制和理念的制约，欧美尤其美国在科学发现可专利问题上不可能在短时间内实现一致，而这一点恰恰是我国的机遇。

三、统一认可科学发现可专利性的长期性为我国提供了机遇

美欧统一认可科学发现可专利性的长期性虽然是难得的机遇，但在我国除少数学者外，否定科学发现的可专利性仍是主流。在法律方面，虽然中国国家知识产权局《指南》有一定的突破，但存在逻辑矛盾，而《专利法》第 25 条规定更是明文排除科学发现的可专利性。这里的逻辑矛盾和《专利法》的否定态度如果不尽快解决，恐难免会错过历史性的机遇，难以在与美欧的竞争中占得先机。

（一）《指南》（2010 年）中的疑问

1. "找到"的概念不明

《指南》第十章第 9.1.2.2 项规定，人们从自然界找到以天然形态存在的基因或 DNA 片段，仅仅是一种发现，属于专利法第 25 条第 1 款第（一）项规定的"科学发现"，不能被授予专利权。但紧接着又规定，如果是"首次从自然界分离或提取出来的基因或 DNA 片段"，则属于可给予专利保护的客体。这里提到了获得基因或 DNA 片段的两种手段：一种是"找到"，另一种是"分离或提取"；两种手段的对象同为基因或 DNA 片段，但前者不可专利而后者却可以专利，地位迥异显然因获得基因或 DNA 片段

手段的不同而不同，而且这种不同还应当是质的不同。那么"找到"与"分离或提取"区别是什么呢？《指南》未予界定，我们只能从事实和逻辑方面考察。关于基因或DNA片段，是细胞核的一部分，是微观世界的物体，肉眼不可见。《指南》提到的"分离或提取"手段为业内人士所熟悉，即在实验室中通过一系列物理和生物化学方式来找到并获得基因或DNA片段的方法；《指南》所说的另一手段是"找到"，这一手段与"分离或提取"手段并列，所以这个"找到"一定不是通过分离或提取而只能是分离或提取之外的手段来找到。怎么找呢？依目前所见资料似未介绍过这种"找到"。当然我们也许可以设想这样一种"找到"：甲某找到了一种昆虫，该昆虫经过炮制可以根治癫痫。但是我们应当明白，甲某找到的对象是昆虫而不是昆虫细胞核内的基因或DNA片段，如果甲某声称："能够根治癫痫的基因就在该昆虫体内，这还不够吗？"回答应该是："不够。因为你不能把基因向人们呈现，就像基因双螺旋结构被呈现给世人那样。"

如何通过非分离与提取的手段找到基因或DNA片段，有待进一步解释。

2. "分离或提取"的基因之可专利性根据不明

《指南》明文"找到"的基因不可专利，理由是它属于科学发现，而科学发现不可专利；《指南》同时认定分离或提取的基因可以专利，那它在逻辑上一定不被认为是科学发现。既然不是科学发现，那么它是发明吗？《指南》未置可否。事实上，分离或提取的基因其天然结构并没有发生改变，不能满足新颖性和创造性，因而不属于发明。于是"分离或提出的基因"就成了这样一种东西，它既不是发现又不是发明却又可以专利。这种令人迷茫的状态应当有令人信服的解释和合理的解决办法。

（二）疑问的似曾相识与我国的机遇

《指南》中的疑问尤其是第二个疑问的背景显然是出于我国《专利法》之"促进……经济社会发展"目的，授予本质上属于科学发现的分离或提取的基因以可专利地位，为了使之造福社会。怎奈《专利法》名言科学发现不可专利，于是《指南》不得不回避定性分离或提取的基因，因而面对逻辑上的质疑。这样的做法和美欧同类主张十分相似：用违反逻辑或回避逻辑的方法肯定基因科学发现的可专利性。

前文已经表明，美欧对"通才"法院否定科学发现可专利性的质疑之声日盛，承认基因科学发现以至全面承认科学发现之可专利性已经是趋势；但与此同时，受其本身体制的制约，在美欧一致认可科学发现可专利性并使之制度化，尚需时日。这是一个"知识产权保护真空"[1]，更是一个十分难得的时间窗口，我们应当抓住这次机遇，从专利法到配套法律法规，在可专利性的问题上赋予科学发现以不低于发明的地位，这既是科学发现本身应有的地位，同时可以彻底解决《指南》与《专利法》之间

---

〔1〕 吴秀文、肖冬梅："美国基因技术与专利制度的互动诉求及趋势——以 Myriad Genetics 案的起因与视角"，载《科学学与科学技术管理》2015 年第 6 期。

的逻辑矛盾，理清两者间的关系，这样，我们就可以抢在西方国家之前通过专利吸引技术、吸引投资，为使我国基因科技的发展超越西方提供法律条件。

四、结语

基因科学发现以至科学发现皆为可专利主题，否定其可专利性的观点和做法均是短暂和局部的。不管哪个国家都无法回避的现实是，没有专利保护，就没有发展；没有对基因的专利保护，就没有人类生存与健康保障的大飞跃。

我们可以看到两种天才，一种是从事基因科学发明的天才，另一种是从事基因科学发现的天才。两种天才之火均能带给人类无尽的福祉。既如此，愿早日看见倡导国家、社会以专利权之利益催生人类智力成果，实现专利制度的初衷和宗旨。

国际视角下的中国制造业优势与不足

赵星宇 [1]

内容提要：本文从制造业的角度出发，通过与发达国家及后发展国家进行对比，阐明制造业在吸收就业、实现强国崛起中的作用。中国制造业发展路径遵循了传统的"农业—工业—服务业"的次序逐渐升级递进的规律，而政府这只"看得见的手"在其中发挥着重要的推动作用。在我国经济步入新常态之后，供给侧和需求侧同时发力的改革需要我们更加重视市场这只"看不见的手"的配合作用。

关键词：制造业　服务业　产业结构

---

〔1〕　赵星宇，法国诺曼底大学经济学博士，现任教于上海海洋大学经济管理学院。

发展中国家如何实现经济的跨越发展一直是困扰经济学界的难题，发展经济学家阿尔伯特·赫希曼在对南美洲的一些国家进行实地考察之后总结认为，并不存在一种单一的模式，可供所有的发展中国家参考，"拿来主义"并不好用。甚至在一个国家之内，成功的案例亦不可盲目推广。赫希曼常用法国作家福楼拜的一句格言来警告学者："切勿做出宏大的结论"（la rage de vouloir conclure），因为那只会把我们带入一个由"伪洞见"、"唯一结果"和"唯一路径"所组成的世界 。一直以来，他都致力于阐明历史发展轨迹的多样性和前进道路的非唯一性，主张抛弃那种以"确定成功或者失败的'先决条件'为目标的'研究方法'，转而将注意力集中在可能的路径、奇特的事物、异常的现象以及突发的和意外的后果上来"，人类社会充满着不确定性，而不是理论家经常预言的确定性。[1]

萨缪尔·亨廷顿在一定程度上也意识到这个问题，他在《变化社会中的政治秩序》（Political Order in Changing Societies）一书中抨击了现代化理论的"玫瑰色预言"——自由市场、经济增长和民主扩张是相互促进、相辅相成的。事实情况可能刚好相反，热带地区的各个国家在经济得到快速发展之后，变得更加难以治理了，在政治上陷入失序的状态。

赫希曼是一个怀疑论者，他认为变革是无法预先规划的，也不会自然而然地到来，人们只能摸索着促进变革，也是中国40年改革开放历史的真实写照，因为改革开放的伟大成就实际上是一场"意外"的结果。根据世界银行的统计数据，2002年中国的GDP只有1.47万亿美元，大约是同年美国GDP的13%；2004年4月24日，胡锦涛主席在亚洲博鳌论坛上发表演讲时预测，2020年中国的GDP将达到4万亿美元，人均GDP将达到3000美元。然而2018年年末，中国的GDP就已经达到13.6万亿美元，相当于美国的66%，人均GDP则达到了9700美元。这期间还经历了因严重的经济危机所引发的需求下滑，增长乏力的困境。GDP只是一个指标，同一时期中国的外贸、外汇储备、城市化等数据也同样优异。

赫希曼同时是一个乐观主义者，他认为"失败主义"和"拿来主义"一样都是不可取的。对于任何一个处在不断发展中的社会而言，实际存在的发展道路远比许多经济学家愿意承认的多得多。

本文将遵循赫希曼研究"小问题"的思维方式，从制造业的角度出发，通过国家间的对比，试图找寻解释中国奇迹的"蛛丝马迹"并尝试给出促进中国制造业进一步发展的"可能药方"。

---

[1] 参见［美］杰里米·阿德尔曼：《入世哲学家——阿尔伯特·赫希曼的奥德赛之旅》，贾拥民译，中信出版社2016年版，第566、582页。

一、制造业与经济增长

尽管世界各国的发展路径和发展速度千差万别，但是从英国工业革命以来，生产结构的演变就成为谁也无法改变的历史进程，生产结构的演变表现为生产要素不断地由第一产业——农业转向第二产业——工业，再由第二产业转移到第三产业——服务业。

作为第二产业主要构成部分的制造业始终是后发展国家实现发展赶超的关键因素，无论是欧美发达国家曾经的经验，还是新兴的发展中国家的经验都能够证明这一点。相较于其他产业，制造业更有利于资本累积，且更具规模经济效应，从而更容易取得技术进步。制造业水平因此直接反映了一个国家的工业技术水平和综合实力，也是一个国家强大的标志。缺少制造业的支撑，工业化进程无法实现，最终也无法支撑强国崛起。世界经济发展中，以投资促进经济增长是处于经济起飞和赶超阶段国家的必经之路，而制造业投资作为资本积累的重要途径在该阶段的作用不容忽视。发展中国家的工业化进程还会大量吸收农村剩余劳动力，实现农村劳动力市场出清，进而推动实际工资上涨，完成城乡二元经济结构的一体化。在劳动力由低技术工种向高附加值工作转换的过程中，工业化和制造业的发展也起到过渡、催化的作用。同时，制造业的就业创造能力还体现在其能够有效带动相关部门的就业。[1]

制造业部门的生产效率不仅高于农业部门，也比其他任何部门更具生产率增长的潜力。当资源由生产率较低的农业部门向制造业部门转移时，整体生产率会得到提高，这被称为结构变化红利；但是当资源进一步由制造业部门向服务业部门转移时，整体生产率会被拉低，因为服务业对生产率贡献较小，相应地这被称为结构变化负担。制造业对上下游产业具有明显的拉动作用，同时也是吸纳就业的重要部门。"历史发展经验多次验证了如果没有制造业的发展来容纳大规模就业，任何一个发展中人口大国都不可能实现经济腾飞"。[2]制造业诸如此类的显著优越性使得库兹涅茨甚至直接把工业化或制造业在 GDP 中所占份额的上升作为现代经济增长的重要特征之一。[3]

第二次世界大战以后，英美等发达国家出现了去工业化的现象，服务业占 GDP 的比重不断攀升，目前普遍超过 70%。但是随着 2008 年美国次贷危机引发全球经济动荡，有关制造业是否重要又再次成为理论界讨论的热门话题。第一类观点认为，制造业仍然重要，并且唯一重要。麻省理工学院在一份针对 255 家跨国大公司的研究报告中指出[4]，制造业所蕴含的生产环节与产品的设计环节是紧密联系在一起的，不可分

---

[1] 参见宁胜男："莫迪政府'印度制造'——效果评析与前景展望"，载《印度洋经济体研究》2017 年第 3 期。

[2] 方雯："印度现代服务业竞争优势的不可持续性"，载《南亚研究季刊》2008 年第 2 期。

[3] 参见王展祥："制造业还是经济增长的发动机吗?"，载《江西财经大学学报》2018 年第 6 期。

[4] See Richard M. Locke and Rachel Wellhausen, *A Preview of the MIT Production in the Innovative Economy Report*, Production in the Innovation Economy (PIE) Commission, 2013.

割，如果把生产环节转移出去，其对应的设计机会也会一并丧失，因此制造业不是一个与服务经济或第三产业相对立的产业，更不是一个衰落的产业，而是一个承载新产品、新技能与新思路的不断发展的重要产业群。第二类观点认为，制造业仍然重要，但是并不唯一。例如，Kurtzman[1]认为有四个主要动力可以使得美国继续主导世界一个世纪，除了制造业之外还有能源油气、创新与包容风险的美国文化以及大量现存可投资本。第三类观点认为，制造业的本质在发生变化，其与服务业的界限日益模糊。例如，Rowthorn 和 Coutts[2]指出，发达国家制造业份额下降的一个原因在于统计方法的调整，比如因为专业化分工，以前为制造业活动或归为制造业统计范畴的部分经济活动现在归为服务业，例如，原本属于制造业自办物流若改为第三方专业化物流，必然会减少制造业产值而增加服务业产值。尽管以上诸多研究对于制造业在发达国家经济增长中的作用有不同看法，但是普遍认可制造业对发展中国家提高经济发展水平的持续重要性。

二、发达国家的历史经验

在美国从一个依赖欧洲进口的经济体转变为超级大国的历史进程中，制造业发挥了巨大作用，特别是在南北战争结束之后，美国迅速开启了工业化进程。而真正促成美国在 1865 年之后实现飞跃的主要动力在于制造业领域的诸多技术进步，如汽车、飞机、电力、钢铁、通信等方面。正是得益于制造业强国的发展战略，美国顺利度过了包括"大萧条"、第二次世界大战、冷战在内的诸多困难时期，成为超级大国。美国政府素来重视从基础研究到技术应用的全方位研发工作，通过加大研发投入和多种对科技创新的扶植措施，使技术进步成为美国制造业发展的驱动力。

然而，随着国际分工的发展，美国制造业不断外移，服务业取代制造业成为支柱产业，后者对美国 GDP 的贡献率则持续下降。在此背景下，虚拟经济迅速兴起，资本从生产性领域流向了金融领域，促成了美国经济"过度金融化导致的金融危机"。危机发生之后，美国各界深刻认识到，富有活力和具有发展前景的经济必然是服务经济和制造经济的结合。从深层次看，服务业几乎总是使用制造业产品并服务于制造业，依赖制造业而存在的。有研究表明，美国制造业每 1 美元的最终需求，用在制造业为0.55 元，用在服务业的达 0.45 元。[3]

美国的经验似乎说明，制造业在任何时候都是一个现代经济体的重要组成部分，其重要性不能仅凭对 GDP 的贡献率所体现，因为 GDP 是一个数量指标，而非质量指标。同时，制造业的发展取决于诸多因素，这些因素又共同影响着一个国家的政治、

---

[1]　See Joel Kurtzman. *Unleashing American Century*: *Four Forces for Economic Dominance*, Public Affairs, 2014.

[2]　Robert Rowthorn, Coutts K. Commentary："D-ation and the Balance of Payments in Advanced Economies", *Cambridge Journal of Economics*, Vol. 28, No. 5, 2004, pp. 767-790.

[3]　金碚、刘戒骄："美国'再工业化'的动向"，载《中国经贸导刊》2009 年第 22 期。

经济、社会、文化教育等方面的总体面貌。

德国直到 19 世纪 30 年代才正式开启工业革命，比英国晚了将近 70 年，1876 年德国参加美国费城世界商品博览会的时候，德国制造仍然是劣质品的代名词。1887 年，英国议会甚至针对德国修改商标法，规定所有从德国进口产品均需注明"德国制造"字样，以此区分劣质德国货和优质英国货。到 20 世纪初，德国超越英国和美国成为全球工程机械生产的第一大国。工业全面超越英国，成为新的世界制造中心。

与英美倡导的自由市场经济不同，德国工业化走的是国家主导型市场经济的道路。这主要是受到以弗里德里希·李斯特为代表的历史学派经济学家的影响。李斯特主张对内鼓励经济自由，对外实行贸易保护，认为落后国家应该通过政府干预政策来保护国内不成熟的制造业，即今天所说的"幼稚产业"，但李斯特同时又认为这种政府干预应当是有期限的。德国政府除了在土地改革、关税同盟建立中发挥重要作用外，还直接投资建设工业和交通运输业（如加大铁路拨款，修建国有铁路），并通过干预教育（如开办技术大学）和技术研发推动工业发展。李斯特的经济思想在西方世界早已失去吸引力，但在东方世界，李斯特主张的政府计划、政府干预和贸易保护思想在相当长时间内备受掌握着巨大经济资源和重要经济机会的政府集团的青睐。[1]

在一百多年的工业化历史中，德国诞生了 2300 多个世界名牌，根据国际品牌咨询公司 Interbrand 发布的 2017 年全球最具价值品牌 100 强排行榜，德国的梅塞德斯奔驰、宝马、思爱普等 10 个品牌位列其中，且品牌数量居世界第二位。德国发明专利的数量仅次于美国和日本，同时还有 500 项工业技术在世界上是独一无二的。世界上超过 200 年历史的企业共 5586 家，德国就拥有 837 家，占据全球总量的 15%，数量位居全球第二。尽管发展中国家生产了大量的产品，但他们的生产设备却多来自德国。机械制造业作为德国传统优势产业在 2003 年成为世界最大出口国[2]，即使在欧元币值坚挺的时期，德国出口依然强劲。2008 年金融危机发生后，欧洲经济增长乏力，唯有德国率先走出衰退，学界纷纷探寻德国秘诀。与其他欧洲国家实体经济空心化的状况不同，德国制造业一直是整个经济的支柱，这被认为是德国成功的奥秘。[3]

日本是在第二次世界大战之后才真正发展成为发达的工业化国家。日本采取了以对外贸易为主的战略推动工业化发展。第二次世界大战后，日本在经济发展初期并没有选择发挥劳动力优势的劳动密集型工业作为重点发展产业，而是通过政策扶植发展钢铁、石化、汽车等重化工业，选择以重化工业为主的发展道路。其具体发展过程是先集中人力、物力将煤炭、钢铁、电力等基础工业作为重点发展对象。然后在工业原材料和能源有了保障后，日本开始通过技术引进的方式复兴第二次世界大战前的造船业等传统制造业，同时开始发展电子、石化等新兴制造业。到 20 世纪 50 年代中期，日

---

〔1〕 参见卫志民：《经济学史话》，商务印书馆 2012 年版，第 48、49 页。

〔2〕 参见斯特凡·泰尔："众厂之厂——德国制造业制胜全球化时代"，载《装备制造》2008 年第 Z1 期。

〔3〕 参见郑春荣、望路："德国制造业转型升级的经验与启示"，载《人民论坛·学术前沿》2015 年第 11 期。

本制造业全面复兴。20 世纪 70 年代，日本制造业通过应用型研发，发展了汽车制造、机电制造和半导体等制造业。20 世纪 80 年代，日本的汽车、机床、造船业产量占据世界首位，20 世纪 90 年代日本又成为集成电路的最大制造国。[1]随后日本经济开始衰退，经常被形容为"失落的若干年"，但是近年的统计数字显示，日本制造业并未因此而一蹶不振，其整体盈利能力不仅没有衰退，反而在接连不断地刷新历史纪录。2017 年，日本制造业大企业的平均利润率已经突破了 8%，创造出泡沫经济崩溃以来的最高值，这显示制造业的创新与转型已出现了重要进展。[2]

在追求工业化过程中日本始终坚持认为，制造业既是经济发展的基石，也是技术创新的发源地。作为一个整体，为了促进制造业升级，日本采取了许多政策措施：通过税收、财政等政策支持技术能力的提升和促进新技术新产品的产业化；通过改善工作环境、待遇，加强职业技能培训，在现有教育体系中加大制造业技术普及，从而稳定了劳动力的供给，提升了劳动力的素质等。[3]

三、发展中国家的经验与教训

苏联建国后，确定了以重工业为中心的工业发展道路。苏联工业发展的一大特点是注重军工产业的发展。苏联解体前，拥有发达重工业体系，军工业也处于世界前列。其军工与相关重工业的产值占到工业总产值的 2/3。[4]作为苏联继承者的俄罗斯，其工业结构受到苏联的巨大影响。俄罗斯拥有发达的机械制造业和金属加工业，同时也和苏联一样存在重工业比重过重、轻工业发展滞后的问题。21 世纪以来，能源与原材料业成为俄罗斯经济发展的主要动力，这些产业在工业中的比重达到 60% 左右。[5]

苏联解体之后，俄罗斯的休克疗法没能重振经济，这一曾经在玻利维亚成功实施的经济政策纲领在俄罗斯则完全失败。大规模的、迅速的私有化在官商勾结之下没有能促进资源的合理配置和有效利用，造成国有资产白白流失。缺乏西方国家自由市场经济得以高效运行的制度因素是重要原因之一。

尽管原材料工业推动了俄罗斯经济的增长，但这种发展方式明显存在不合理性。对此，俄罗斯政府试图调整产业结构，通过重振机器制造业、军工业和金属加工业，使原材料工业比重有所下降。多年来，俄罗斯的产业结构有所改善，但是高技术制造业的发展仍然十分缓慢。加工制造业工艺落后，年复一年地生产老产品，从而使得产品质量长期处于落后状态，在国际市场缺乏竞争力。2008 年金融危机后，由于石油价

---

〔1〕 参见丁庆蔚："战后日本制造业兴衰对中国制造业科学发展的启示"，南京信息工程大学 2011 年硕士学位论文。

〔2〕 参见张玉来："日本制造业新特征及其转型之痛"，载《现代日本经济》2018 年第 4 期。

〔3〕 参见李毅："当前日本制造业的产业政策动向与制造企业的调整和变革"，载《日本学刊》2005 年第 6 期。

〔4〕 参见智能科技与产业研究课题组主编：《智能制造未来》，中国科学技术出版社 2016 年版，第 106 页。

〔5〕 参见曲文轶："资源禀赋、产业结构与俄罗斯经济增长"，载《俄罗斯研究》2007 年第 1 期。

格下跌，俄罗斯经济迅速下滑，2009 年 GDP 下跌 7.8%。俄罗斯经济长期过度依赖能源等原材料，制造业技术进步被资源部门的高回报率抑制，经济稳定、可持续发展无法保障，难以应对国际市场的变化。

印度经济似乎是工业革命模式的一个例外，它并非按照传统国家"农业—工业—服务业"的次序逐渐升级递进的经济结构进行演化的，而是呈现错位式的产业结构演进模式。印度制造业主要集中在钢铁、纺织、生物医药等少数几个产业上，其规模效应比较突出。印度矿产资源丰富，是世界第三大铁矿石出口国，依托矿产资源优势，印度钢铁业发展迅速，在印度制造业中占有重要地位。印度目前已成为世界医药制造大国之一，获得 FDA 认证的企业数量仅次于美国。同时还是世界上仅次于中国的纺织业大国，纺织业吸收了印度 1/5 的就业人口。

整体而言，印度的制造业则存在基础薄弱、劳动力职业技能低下、投资不足等问题，制造业部门占 GDP 比重常年位于 15%~17%的水平，提升缓慢。[1]消费品生产落后，资本品和基本工业品发展缓慢，影响了制造业本身的发展，这也使得服务业有了发展的理由和机会。同时，反过来说，服务业集中了有限的资金和智力资源，又制约了第二产业的发展。工业的缓慢发展无法满足印度国内因人口增加而逐步扩大的工业产品需求，因此政府只能通过大量进口来满足；同时落后的工业发展也使得印度贸易品出口乏力，最终导致商品贸易常年逆差。

自 20 世纪 90 年代初开始，印度的拉奥政府推行市场化改革。以新兴的计算机、软件服务、信息技术为代表的服务业成为经济增长的主引擎，占经济总量的比重一直较高，这使印度成为著名的"世界办公室"。这与中国所选择的发展出口导向的劳动密集型加工工业并迅速成长为"世界工厂"的经济结构模式相比，似乎更能吸引世人的眼球，并且这种经济结构似乎也能摆脱其能源、原材料短缺的束缚以及基础设施落后的困境，并充分地运用了其高质而低价的劳动力优势。因而印度经济结构模式体现出一种主要依赖国内市场而不是出口、依赖消费而不是投资、依赖服务业而不是工业、依赖高技术而不是低技能制造业的独特的发展路径。[2]例如，印度的石油加工企业是通过不断提高加工技术，注重对石油等产品附加值的提升，使得印度出口贸易中石油加工产品的比重不断提高。

据联合国预测，印度人口将超越中国，成为世界第一人口大国。一方面，其人口结构呈高度年轻化趋势，25 岁到 64 岁的适龄劳动力占总人口比例为 66.2%，超过 64 岁的老龄人口仅占总人口的 6.09%。然而，潜在的人口红利是否能得到充分释放，取决于经济能否为劳动力提供充足的就业岗位，进而增加民众收入，刺激国内需求进一

---

〔1〕 数据来源：Reserve Bank of India，"Annual Report of the RBI: Growth Rates and Composition of Real Gross Domestic Product（At 2011-2012 Prices）"，https：//m. rbi. org. in//scripts/Annual Report Publications. aspx？Id = 1160，最后访问日期：2016 年 8 月 25 日。

〔2〕 参见周建华："对外贸易、产业结构与经济增长——基于中国和印度的比较"，载《南亚东南亚研究》2010 第 4 期。

步发育。否则，如此庞大的青年人口一旦面临失业或就业困境，看似美好的人口优势将转变为极具爆炸力和危害性的"人口炸弹"。另一方面，印度近70%的适龄劳动人口只接受过小学教育。[1]而金融、软件等第三产业虽产值高速增长，但提供的岗位有限，又对劳动力知识水平与能力要求较高，无法为这些半文盲、技术水平较低的人口提供足够的就业空间，落后的制造业也无法吸纳更多的劳动力就业，特别是解决低技术劳动力的就业问题，严峻的失业问题同时加重了印度社会的贫困化。笔者2017年曾在印度做过调研，孟买街头的三轮机动车司机每天工作十几个小时，每月收入大约900元人民币，需要供养一家五六口人。大批诸如这样的贫困人口与印度高速发展的软件服务业所带来的繁荣几乎是绝缘的。服务业的发展造成印度国内一块块孤立的现代化的繁荣小天地，其外的广大地区仍然是欠发达地区，这样的发展无法实现现代化，因为绝大多数人口被排斥在现代化之外。

印度也有许多值得中国借鉴的经验，例如，印度对外贸易始终沿着相对集约型的方向发展。印度形成了以私营企业海外并购带动贸易发展的新模式。印度的私营经济相当成熟、体系庞大，在企业管理能力、经营规模、资本积累和高级人才储备上都有良好的基础。他们顺应全球化和知识经济的大趋势，不失时机地通过国际化、多元化战略整合全球资源，加大了对外投资和海外并购，在信息技术、电信、石化、制药、钢铁、汽车制造等多个领域出现了一大批知名跨国企业。与中国企业立足国内低成本制造优势，主要依靠加工贸易出口的模式不同，印度私营企业更加注重内外相结合，通过大规模的海外并购整合资源，来提升自己在全球的竞争力，这成为近年来印度对外贸易发展模式的又一个亮点。这些企业的发展来自良好的微观环境，并非政府的直接支持。这得益于印度相对稳健的金融体系和有效的知识产权保护制度。印度的证券市场历史也非常悠久，交易制度、市场风险管理、信息披露、清算制度等领域在很长时间以来一直保持与国际接轨，这是印度能够吸引大量境外机构投资的重要原因。随着知识产权概念的不断扩大，印度对知识产权的保护也在不断地完善，印度软件产业之所以能够迅速发展，以及越来越多的跨国公司选择将研发中心转移到印度，都与这些方面有很大关系。

四、中国制造业发展的优势

改革开放以来，我国国民经济的高速增长总是与制造业的高速增长联系在一起的，这正是工业化中后期的一个显著特征。2001年年末，中国加入了WTO，中国经济的开放程度进一步加强，中国制造业得到了进一步迅猛发展。2010年，中国制造业总产值超越美国，成为世界制造业第一大国。同时，中国制造业有200多种产品产量居世界

---

〔1〕 数据来源：The Economist，"India's Economy：More than A Lick of Paint Needed"，http://www.economist.com/news/asia/21644223-budget-next-week-must-be-bold-enough-turn-cyclical-recovery-sustained-boom-more，最后访问日期：2015年2月19日。

首位；工业制成品出口规模世界第一，已经成为一个名副其实的全球制造业大国。中国制造业发展取得了举世瞩目的成就，中国因此也获得了"世界工厂"的美誉，"中国制造"为全世界贡献了物美价廉的商品。在制造业发展的同时，中国的经济结构性变化也十分显著。不仅第二、第三产业在总产出中已经占到80%以上的份额，而且从2016年起，服务业（包括餐饮、金融等）首次超过第二产业（包括制造、采矿、建筑）成为对产出贡献最大的产业。这非常符合前文提到的生产结构演变的一般规律。

由于经济的增长而产生出数量庞大的中产阶级，其收入、消费水平在不断地提高过程中，不仅为中外各国企业提供极具吸引力的广阔市场，而且其消费能力也推动了高科技的发展，进一步影响国家的创新方向，例如对消费金融、电子商务、保健、保险、旅游，家用电器等领域产生极大的影响。这意味着中国科技在某些特定领域有可能赶超先进国家。

产业结构的变化、收入水平的提高以及创新的发展又进一步推动了城市化，而城市化所带来的规模效应和聚集效应，则有利于提高资源利用效率、降低交易成本，从而进一步推动经济增长并提高经济效益。

众所周知，自第二次世界大战以来，只有少数国家实现了跨越式的发展，而多数的国家都跌入"中等收入陷阱"之中。在展望中国下一步经济发展之前，我们有必要回顾一下过去40年成功的部分原因：

第一，没有工业化，特别是制造业的支撑，就不可能有经济大国和强国的崛起，没有制造业的发展来容纳大规模就业，任何一个发展中人口大国无从解决贫困问题。因此发展制造业是后发展国家走向繁荣的必由之路。但是制造业经济远比农业经济复杂，它不仅是进口设备，建造厂房、组织生产这些简单的活动，还涉及与之配套的庞大社会工程，比如修建机场、铁路、公路、码头等基础设施，提供充足的能源电力，发展金融服务，进行教育培训等。然而复杂的工业体系的建立，大大超越了绝大多数传统农业国家所具备的人力、物力和财力基础。因此，要想从传统的农业国变成工业化国家，变成制造业的强国，不仅需要吸收发达国家的技术，还需要本国政府大规模的长期投资拉动，这种产业结构的变迁仅靠自由市场经济不太可能实现。因此后发展的工业化国家需要政府这只"看得见的手"。

第二，中国政府通过对土地、石油、天然气等稀缺资源型生产要素的控制，实现对上游生产性资源的控制。例如，土地等生产要素的国有制和集体所有制，让从中央政府到各级地方政府都拥有很大的操作空间，以提供廉价土地来推动特定产业的发展和招商引资，实现资源的定向配置。反观印度，其土地私有制严重制约着制造业的发展和工业化的进程，对制造业而言至关重要的基础设施建设也很难推进，优先发展服务业的策略实际上是一场不得已而为之的"曲线救国"。

第三，政府牢牢掌控着一个由银行、股市、债券市场等在内的全球最为庞大的金融体系。这不但有利于高效推行各类产业政策，也可以避免出现类似拉美、东南亚的金融危机。

第四，自 20 世纪 90 年代针对国有企业实行"抓大放小"改革以来，形成了大型和超大型的中央企业。这些企业与国有金融机构一起构成国家宏观调控、战略布局的重要力量，这方面最成功的例子就是高速铁路的快速发展。

五、中国制造业的困境与出路

2008 年经济危机之后，西方发达国家重新意识到制造业的重要性，纷纷进行"再工业化"的战略部署，以美国为例，特别是特朗普就任总统之后，倡导"美国制造""美国优先"，鼓励制造业的回流，将流向国外市场的制造业就业机会带回美国国内。2017 年实施税改、进行大规模减税，这不仅有利于增加本国劳动者收入，刺激消费和投资，更间接使得其将财富投入到吸引国内外中高端人才方面，从而将美国制造业的人才竞争优势进一步提升。吸引制造业的回流和外国企业的流入，增加国内产业工人的就业机会，这是特朗普政府提升美国企业核心竞争力的重要方面。出口方面，为缩小贸易逆差，增加就业机会，特朗普政府退出 TPP、不承认中国市场经济地位、发动贸易战，努力确保美国制造业处于有利的竞争地位。似乎当前存在这样一种共同意识，即制造业对于美国经济长期繁荣发展具有核心作用，只有制造业保持优势才能抢占未来国际竞争的制高点，并以此为基础构建更具竞争力的美国经济。

中国制造业产值已经成为真正的"世界工厂"。但是随着国内劳动力成本、自然资源成本、环境成本和技术进步成本的上升，"中国制造"的低成本竞争优势在逐渐减弱。在劳动力成本方面，我国劳动力人口数量已经连续数年下降，人口红利在逐渐消失，再加上计划生育方面的原因，使得我国"未富先老"的问题日益突出，这些都造成了劳动力成本的上升，从而增加了企业的成本。中国也已经出现企业家到美国办厂的情况，因为在考虑运输成本、能源成本、当地政府提供的各类补贴之后，在美国办厂的成本甚至低于中国。环境成本方面，由于我国的环境问题日益严重，国家加大了环境保护的力度，因此造成企业节能减排成本的骤增。

尽管中国已成为世界第一制造大国，但远非制造强国，提升制造业国际竞争力是当前的首要任务。目前中国制造业发展最为典型的问题是低层次、低质量的产品供给无法满足对高层次、高质量产品的需求，表现为在制造业的生产和消费领域出现产能过剩与海外并购热潮并存的现象。而隐藏在这些背后的是不合理的产业结构和落后的生产技术导致的缺乏竞争力的中国制造。

我国经济步入新常态后总量增速下行，在产业结构供需失衡、缺乏重大技术进步背景下，生产力不具备短期大幅抬升的可能。为了给实体企业发展创造良好的外部环境和条件，必须从供给侧和需求侧两方面同时采取措施。从供给侧来看，一是可以通过税制改革进一步降低企业税费负担，降低制度性交易成本，为实体企业发展营造良好的外部环境；二是减少无效的产业政策，创造有序的竞争环境，引导企业面向市场，而不是面向政府，企图寻求政府政策直接支持。从需求侧来看，金融资本高回报率和资金供给的结构性失衡内生于我国经济金融体系。"回归金融服务实体的天职：一是要进一步扩大金融业双向开放，放宽民营资本的准入条件，多元化市场主体竞争；二是要以利率市场化改革推动建立风险与收益匹配的市场化定价机制，合理引导信贷资金流向，减少无效供给。"[1]

"文武之道，一张一弛"，如果说中国制造业的发展离不开政府这只"看得见的手"，它同样离不开有效市场这只"看不见的手"的紧密配合，要实现上述的供给侧和需求侧的改革，特别需要强调"看不见的手"。改革开放的40余年正是不断释放市场内在潜力的过程，在世界分工体系之下，让市场在资源配置中发挥越来越重要的作用应该是长期秉持的策略。正如德国历史学派经济学家李斯特所强调的那样，落后国家需要通过政府干涉政策来保护，培养国内的制造业，但是这种保护应该是有期限的。而要发挥市场的作用，必须完善诸如产权保护，金融体系等制度，否则有效的市场竞争无从谈起。

---

[1] 朱映惠："制造业投资视角下的我国经济'L'型增长趋势"，载《新理财（政府理财）》2019年第8期。

国际大豆价格波动影响因素的实证研究

刘　凌[1]　余　菲[2]

内容提要：通过构建 **MS-VAR** 模型，发现世界大豆库存、国际能源价格、全球流动性、全球经济状况、美元汇率和全球通货膨胀水平对国际大豆价格波动存在影响，影响的区制划分与其中的制度和机制变革有关，且冲击有持续性和时滞性。建议推进农业技术进步，增加农作物补贴，提高大豆产量，提高我国大豆自给率，改变目前大豆过分依赖进口的状况；开立大豆国际盘，提高我国大豆定价国际话语权；加强同大豆主产国的贸易合作，改变进口来源地相对集中的状况，减弱国际经济指标对我国的影响。

关键词：大豆价格　原油价格　**MS-VAR** 模型

---

[1]　刘凌，上海对外经贸大学副教授。
[2]　余菲，全威（上海）有色金属有限公司职员。

一、引言

在中美贸易发生摩擦前的 2017 年，我国国产大豆 1528.25 万吨，进口 9553 万吨，进口量创历史最高纪录，进口依存度超过 86.21%。其中，来自美国的大豆约为 3285.4 万吨，占进口总量约 34.39%。但是 2019 年中美贸易摩擦进一步加剧，2019 年 1 月~4 月我国从美国进口大豆的数量锐减 70.6%，同期美国 CBOT 大豆 2020 年 11 月合约下跌 17%。[1]

大豆不仅是基础性粮食作物，更是蛋白质和食用油的关键基础原料。我国是大豆的来源地，已有几千年种植历史，其大豆生产地主要分布在东北三省、河南和山东等地区，根据 Wind 资讯统计显示，这些地区种植大豆的总产量大约占我国的 80%。1995 年之前，我国是全球关键的大豆净出口国，其中几年大豆出口量超 100 万吨。由于国内大豆产量逐渐满足不了蛋白质和工业方面对大豆的大量需求，1996 年开始我国转为大豆净进口国，随后进口量逐渐上涨，逐渐成为世界上大豆进口量最多的国家。

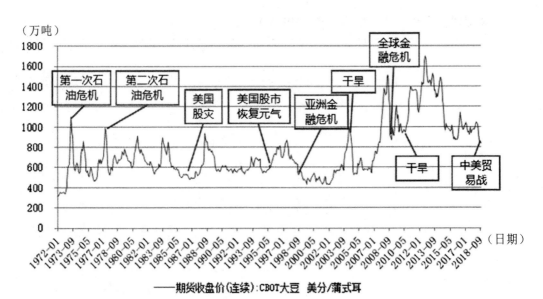

数据来源：Wind 资讯。

图 1　国际大豆价格历史变化趋势图

结合 1972 年以来的国际大豆价格波动的历史，我们发现市场供需、能源价格和金融因素对国际大豆价格都造成了很大的影响。其中两次石油危机致使国际大豆价格发

---

〔1〕　数据来源：中国商务部。

生巨大波动；股灾、金融危机、美国汇率制度和货币政策的改变也影响到国际大豆价格的波动。纵观大豆价格的历史变化（如表1），我们可以发现，全球大豆期末库存、国际能源价格、全球经济状况、全球流动性、美元汇率和国际通货膨胀都是影响大豆价格的重要因素。如果我们通过实证分析能确定这些因素对国际大豆价格波动的影响，就可以把握国际大豆价格波动的变化趋势，这对国际商品市场的投资者、大豆的供应和需求者的经济决策都具有重要意义。[1] 近期，中美贸易摩擦的加剧也明显影响到了国际大豆的价格，这主要是通过影响全球大豆期末库存的结果。

表1　大豆价格历史变化

时间段	大豆价格走势	大豆价格变动的原因	影响大豆价格变动的因素
1940 年以前	平稳的低价格		
1940 年 ~ 1947 年	价格上升	第二次世界大战，美国的经济实力和对外援助能力扩张，建立布雷顿森林体系（1944 年）	国际汇率
1947 年 ~ 1973 年	平稳的高价格	美国股市经历熊市，布雷顿森林体系崩塌，美国同全球主要货币从固定汇率转向浮动汇率（1971 年）；第一次石油危机（1973 年）	国际汇率国际能源价格
1973 年 ~ 1988 年	价格上升	世界市场需求大，产量不稳定，减产；第二次石油危机（1978 年）；美国股灾引发的全球市场动荡（1987 年）	全球大豆期末库存国际能源价格全球经济状况
1988 年 ~ 1995 年	价格下跌	世界产量增加，供给充裕（1988 年）	全球大豆期末库存
1995 年 ~ 1996 年	价格上升	美国股市恢复元气，开始一个长期上升的牛市（1995 年）；大豆减产，库存下降（1995 年）	全球经济状况全球大豆期末库存
1996 年 ~ 1999 年	价格下跌	大豆产量增加（1997 年）；亚洲金融危机（1997 年）	全球大豆期末库存全球经济状况
1999 年 ~ 2003 年	价格平稳		
2003 年 ~ 2004 年	价格先上升，后下降	美国大豆在关键生长期遭遇了严重的旱情，大豆减产预期强烈，然而减产幅度不大（2003 年）	全球大豆期末库存
2004 年 ~ 2006 年	价格平稳		
2006 年 ~ 2008 年	价格上升	坏天气，低产量，松货币（2006 年）	全球大豆期末库存、全球流动性、通货膨胀
2008 年 ~ 2010 年	价格下降	全球金融危机（2008 年）	全球经济状况

---

[1] See Sayed H. Saghaian, Michael Keed, Mary A. Marchant, "Monetary Impacts and Overshooting of Agricultural Prices in an Open Economy", *American Journal of Agricultural Economics*, Vol. 84, No. 1, 2002, pp. 90-103.

续表

时间段	大豆价格走势	大豆价格变动的原因	影响大豆价格变动的因素
2010 年~2012 年	价格先上升，后下降	极端干旱的天气条件给市场带来了大豆减产的预期，然而减产幅度不大（2010 年）	全球大豆期末库存
2012 年~2013 年	价格平稳		
2013 年~2016 年	价格下降	世界大豆连年大丰产，供大于求（2013 年）	全球大豆期末库存
2016 年~2018 年	价格平稳		
2018 年至今	大幅下跌	中美贸易战持续升级，中国向美国大豆加征 25% 的关税，中国对美国大豆需求减少	全球经济状况

资料来源：Wind 资讯。

二、国内外研究综述

随着大豆金融化程度加深，国际大豆价格波动除了气候灾害、动植物疫情等一些短期不可控因素外，世界大豆期末库存、能源价格、全球流动性、全球经济状况、国际汇率以及通货膨胀等都是造成其价格波动的长期主要原因。[1]

大豆供给和需求方面，大豆的供求关系会影响其价格（税尚楠，2008；中国人民银行课题组，2011；李国祥，2011）。能源价格方面，以农产品为原料的生物质能源的应用能有效代替原油等传统能源的使用（胡冰川等，2009；林伯强和王锋，2009；Baek and Koo，2010；Du et al.，2011；Koirala et al.，2015；肖小勇和章胜勇，2016；李靓和穆月英等，2017）。全球流动性方面，货币流入期货市场，可能通过投资大豆等农产品期货，对大豆等农产品的价格产生影响（Schuhs，1974；Lapp，1990；Saghaian et al.，2002；马龙和刘澜飚，2010；李国祥，2011；李靓和穆月英等，2017）。全球经济状况方面，整体经济状况会通过影响需求端，从而对农产品价格造成影响（王阿娜，2012）。汇率方面，汇率可以通过进口农产品价格对国内农产品价格产生影响（Dornbusch，1987；Baek and Koo，2010），通过农产品生产原材料价格对农产品生产成本产生影响（王阿娜，2012），通过食品价格对农产品需求产生影响（方湖柳，2009）。通货膨胀方面，整体通货膨胀水平变化对农产品价格产生的影响是明显的（Johnson and Song，1999；卢峰和彭凯翔，2002；李敬辉和范志勇，2005；马龙和刘澜飚，2010）。

通过以上文献梳理，我们发现大豆库存、原油价格、全球流动性、全球经济状况、国际汇率以及通货膨胀 6 个指标都是影响大豆价格的主要因素。因此，本文将围绕着

---

〔1〕 See Frank Browne, David Cronii, "Commodity prices, money and inflation", *Journal of Economics & Business*, Vol. 62, No. 4, 2010, pp. 331-345.

这 6 个因素来分析其对大豆价格的影响。本文在两个方面有一定创新：第一，内容创新。大部分学者偏向于分析一个或者两个因素对大豆价格的影响，因此分析不够全面。第二，方法创新。利用 MS-VAR 模型分区制来研究大豆价格的影响因素，MS-VAR 模型的各种参数会由于不可观测的区制 s_t 变化而变化，能通过数据分析分辨不同的因素对大豆价格的影响。[1]

三、国际大豆价格波动影响因素的机理分析

随着国际大豆金融化程度加深，国际大豆价格波动除了气候灾害、动植物疫情等一些短期不可控因素引起外，市场因素和金融因素，如大豆供求关系、能源价格、全球流动性、全球经济状况、国际汇率以及通货膨胀等都是造成其价格波动的长期主要原因。

第一，国际大豆供求方面。研究大豆供给和需求变动对其市场价格的影响，是研究大豆定价机制的基础方法。[2]对大豆价格变动的研究，基本上都是以大豆供给和需求变动为基础来进行的。[3]整体上大豆供给和需求变化与价格波动的关系是：当大豆供给小于需求时，大豆市场价格就会上涨；当大豆供给大于需求时，大豆市场价格就会下降。[4]国际大豆价格和全球大豆期末库存基本呈反向变化。第二，国际原油价格方面。原油价格可通过大豆生产成本[5]、运输成本[6]和生物质能源需求[7]作用于大豆供给和需求，[8]从而对大豆价格产生影响。[9]第三，货币供给量方面。当货币供给量增多时，会使通货膨胀水平提高，物价水平的普遍上行带动大豆价格上行；[10]会导致本币贬值，导致大豆价格上行；[11]会造成大豆生产资料价格上行，大豆生产成本上升，进而导致大豆价格上行；[12]会带动居民收入增长，扩大对大豆的需求，进而提升大

---

〔1〕 参见李智等："基于 MSVAR 的国际原油期货价格变动研究"，载《金融研究》2014 年第 1 期。

〔2〕 参见税尚楠："世界农产品价格波动的新态势：动因和趋势探讨"，载《农业经济问题》2008 年第 6 期。

〔3〕 参见李国祥："2003 年以来中国农产品价格上涨分析"，载《中国农村经济》2011 年第 2 期。

〔4〕 参见中国人民银行课题组："我国农产品价格上涨机制研究"，载《经济学动态》2011 年第 3 期。

〔5〕 参见林伯强、王锋："能源价格上涨对中国一般价格水平的影响"，载《经济研究》2009 年第 12 期。

〔6〕 Du Xiaodong, Yu Cindy L., Hayes Demot J. "Speculation and Volatility Spillover in the Crude Oil and Agricultural Commodity Markets: a Bayesian Analysis", *Energy Economics*, 2010, Vol. 33, No. 3, pp. 497-503.

〔7〕 参见胡冰川等："国际农产品价格波动因素分析——基于时间序列的经济计量模型"，载《中国农村经济》2009 年第 7 期。

〔8〕 参见肖小勇、章胜勇："原油价格与农产品价格的溢出效应研究"，载《农业技术经济》2016 年第 1 期。

〔9〕 See Krishna H. Koirala, Ashok K. Mishra, Jeremy M. D'Antoni, Joey E. Mehlhorn, "Energy Prices and Agricultural Commodity Prices: Testing Correlation Using Copulas Method", *Energy*, Vol. 81, No. 3, 2015, pp. 430-436.

〔10〕 See Schuh G. Edward, "The Exchange Rate and U. S. Agriculture", *American Journal of Agricultural Economics*, Vol. 56, No. 1, 1974, 1-13.

〔11〕 See John S. Lapp, "Relative Agricultural Prices and Monetary Policy", *American Journal of Agricultural Economics*, Vol. 72, No. 3, 1990, pp. 622-630.

〔12〕 参见马龙、刘澜飚："货币供给冲击是影响我国农产品价格上涨的重要原因吗"，载《经济学动态》2010 年第 9 期。

豆价格。[1]第四,经济状况方面。当经济处于低迷期,农产品需求不足,其价格下跌;当经济处于上升期,农产品需求也会有所好转,其价格上升。[2]第五,汇率方面。汇率可以通过进口农产品价格作用于国内农产品价格;[3]通过农产品生产原材料价格作用于农产品生产成本;[4]通过食品价格作用于农产品需求,进而对农产品价格产生影响。[5]第六,通货膨胀方面。通货膨胀可使货币的真实购买力下降,引发大豆价格上升;[6]会引起农民的通货膨胀预期,会提升大豆存量,提升大豆价格;[7]会使得实际利率降低,导致大豆价格上升。[8]

四、国际大豆价格波动的实证分析

(一) 变量和数据

本文的实证变量主要基于顾国达和方晨靓等运用的全球经济状况、全球农产品期末库存、国际农产品价格、国际能源价格以及美元指数变量,[9]以及吕惠明和蒋晓燕等运用的农产品价格、货币供应量和通货膨胀等变量。[10]

根据以上文献,选取表2中的7个变量,其中国际大豆价格为因变量,其他6个变量为自变量,由于研究大豆价格的长期影响因素,所以数据跨度为1980年11月至2017年6月,数据频率为月,所有数据均经过对数差分处理,将非平稳数据转化为平稳数据。为提高计算精度,在变量对数差分被纳入模型计算前将其均乘以100。处理后的变量名不变,处理前变量的描述性统计量如表3。

---

〔1〕 参见李靓等:"国际原油价格、货币政策与农产品价格",载《国际金融研究》2017年第3期。

〔2〕 参见王阿娜:"浮动汇率制下农产品价格波动分析",载《农业经济问题》2012年第5期。

〔3〕 See Jungho Baek, Won W. Koo, "Analyzing Factors Affecting U. S. Food Price Inflation", *Canadian Journal of Agricultural Economics/revue Canadienne Dagroeconomie*, Vol. 58, No. 3, 2010, pp. 303-320.

〔4〕 See Rudigen Dornbusch, "Exchange Rates and Prices", *American Economic Review*, Vol. 77, No. 1, 1987, pp. 93-106.

〔5〕 参见方湖柳:"人民币升值对农产品价格的影响",载《农业经济问题》2009年第7期。

〔6〕 See D Gale Johnson, Song Guoging, *Inflation and the Real Price of Grain in China*, Food Security and Economic Reform, 1999, pp. 148-162.

〔7〕 参见卢锋、彭凯翔:"中国粮价与通货膨胀关系(1987—1999)",载《经济学(季刊)》2002年第3期。

〔8〕 参见李敬辉、范志勇:"利率调整和通货膨胀预期对大宗商品价格波动的影响——基于中国市场粮价和通货膨胀关系的经验研究",载《经济研究》2005年第6期。

〔9〕 参见顾国达、方晨靓:"中国农产品价格波动特征分析——基于国际市场因素影响下的局面转移模型",载《中国农村经济》2010年第6期。

〔10〕 参见吕惠明、蒋晓燕:"我国大宗农产品价格波动的金融化因素探析——基于SVAR模型的实证研究",载《农业技术经济》2013年第2期。

表2 变量说明与处理

变量代码	定义	代理变量	说明	数据来源
ES	全球大豆期末库存	全球大豆期末库存	世界大豆月初库存	世界农产品供需月报 USDA
WTI	国际原油价格	美国西德克萨斯轻质原油价格	美国西德克萨斯轻质原油（WTI）价格	IMF 官网
IPI	全球经济发展状况	OECD 工业生产指数	经过季节调整后的 OECD 国家的工业生产指数	Wind 资讯
M1	全球流动性	美国狭义货币供应量	经过季节调整后的美国狭义货币供给量	Wind 资讯
USDX	国际汇率	美元指数	美国联邦储备委员会计算的名义指数	Wind 资讯
SP	国际大豆价格	国际大豆价格	IMF 官网公布的大豆价格	IMF 官网
CPIO	全球通货膨胀水平	OECD 居民消费价格指数	经过季节调整后的 OECD 国家居民消费价格指数（CPI）	Wind 资讯

表3 变量的描述性统计量

	ES	WTI	IPI	M1	USDX	SP	CPIO
最小值	8.670 000	11.310 000	54.950 000	408.5000	72.110 000	158.3100	22.180 000
最大值	96.220 000	133.930 000	109.930 000	3505.300	158.490 000	622.9100	112.880 000
平均值	35.971 587	41.368 776	85.343 492	1322.676	96.346 576	282.5287	71.232 993
中值	24.970 000	29.990 000	88.260 000	1123.500	93.390 000	241.2500	74.050 000
标准误	1.074 083	1.333 278	0.817 560	35.49 858	0.775 937	4.991 714	1.315 857
方差	508.761 345	783.934 906	294.766 081	555 725.8	265.516 403	10 988.49	763.582 463
标准差	22.555 739	27.998 838	17.168 753	745.4702	16.294 674	104.8260	27.632 996
偏度	0.901 207	1.168 829	-0.225 229	1.269 336	1.307 865	1.212 956	-0.183 683
峰度	-0.434 720	0.228 528	-1.357 833	0.887 547	1.740 614	0.572 045	-1.287 141

（二）实证分析

影响农产品价格的因素中，本文根据顾国达和方晨靓等文献选择了全球大豆期末库存（ES）、美国西德克萨斯轻质原油价格（WTI）、OECD 工业生产指数（IPI）、美国狭义货币供应量（M1）、美元指数（USDX）和 OECD 居民消费价格指数（CPIO）的对数差分数据，对这 6 个变量进行了平稳性检验，均无单位根。将其作为国际大豆价格（SP）的影响因素。利用 OxMetrics 软件构建了一系列 MS-VAR 模型，[1]包括

---

〔1〕 See James D. Hamilton, "A New Approach to the Economic Analysis of Nonstationary Time Series and the Business Cycle", *Econometrica*, Vol. 57, No. 2, 1989, pp. 357-384.

Krolzig 所述的 MSIH、MSM、MSMH、MSMA、MSIAH、MSMAH、MSH 等 MS-VAR 类模型。通过 AIC、HQ 和 SC 信息准则，我们确定了区制数量应该设为 2，而滞后阶数确定为 1，截距项为马尔可夫区制转移的，因此设定最优模型 MSI（2）-VAR（1）作为实证分析的基础。

MS-VAR 模型是对 VAR 模型的改进，[1]其一般形式为：

$$y_t - \mu(s_t) = \theta_1(s_t)(y_{t-1} - \mu(s_{t-1})) + \cdots + \theta_p(s_t)(y_{t-p} - \mu(s_{t-p})) + u_t$$

MS-VAR 模型拥有区制转移框架，各种参数会随不能观察到的区制变量 s_t 的改变而改变。[2]是一个不可测量的状态变量，它表示在时间 t 时占优势的状态。马尔可夫转换模型的特殊之处在于，假设状态 s_t 的不可观测，实现是由一个转移概率主义的离散时间、离散状态的马尔可夫随机过程控制的。

若一次性区制转移有均值变化，则模型为 MSI-VAR。[3]此时，模型存在一个截距项 $\omega(s_t)$ 是区制变量 s_t 的函数，表示为：

$$y_t = \omega(s_t) + \theta_1(s_t) y_{t-1} + \cdots + \theta_p(s_t) y_{t-p} + u_t$$

设定的最优模型 MSI（2）-VAR（1）的对数似然值为 -5934.9312，AIC：27.4621，HQ：27.8035，SC：28.3274。

表 4　模型中区制转移概率矩阵及持续期

	转移概率矩阵		样本数	概率	持续期
	区制 1	区制 2			
区制 1	0.9827	0.0173	275.6	0.6672	57.90
区制 2	0.0346	0.9654	163.4	0.3328	28.89

表 4 则得出不同区制间的转移概率。系统维持在区制 1 的概率是 66.72%，由区制 1 转移到区制 2 的概率是 1.73%；系统维持在区制 2 的概率是 33.28%，由区制 2 转移到区制 1 的概率是 3.46%。表 4 还说明系统 66.72% 的时间处在区制 1，平均可持续 275.6 个月；33.28% 的时间处在区制 2，平均可持续 163.4 个月。

---

〔1〕　See Christopher A. Sims, "Macroeconomics and Reality", *Econometrica*, Vol. 48, No. 1, 1980, pp. 1-48.

〔2〕　See Hans-Martin Krolzig, *Markov Switching Vector Autoregressions*：*Modelling, Statistical Inference and Application to Business Cycle Analysis*, Springer-Verlag Berlin Heidelbenyer, 1997.

〔3〕　See Hans-Martin Krolzig, "Econometrics Modelling of Markov Switching Vector Autoregressions Using MSVAR for Ox", *Institute of Economics and Statistics and Nuffield College*, *Oxford University*, *Working paper*, 1998.

表5　模型中各变量相关系数

	ES	IPI	CPIO	WTI	SP	USDX	M1
区制 1 截矩	0. 340 345	0. 104 692	0. 117 964	1. 077 802	-0. 067 932	-0. 186 842	0. 570 974
区制 2 截矩	-1. 141 193	-0. 009 514	0. 275 133	0. 363 102	-0. 536 397	-0. 512 808	1. 508 295
ES_{t-1}	0. 061 854	0. 000 124	0. 000 822	0. 005 412	-0. 046 650	0. 010 459	0. 001 821
IPI_{t-1}	-0. 089 475	0. 234 407	0. 012 161	1. 102 853	0. 149 622	-0. 227 908	-0. 063 204
$CPIO_{t-1}$	0. 974 868	0. 233 348	0. 548 361	-1. 856 077	0. 391 186	0. 763 030	-1. 119 843
WTI_{t-1}	-0. 014 945	0. 007 114	0. 004 090	0. 286 306	-0. 018 415	-0. 019 458	0. 009 206
SP_{t-1}	-0. 380 809	0. 007 401	0. 001 978	0. 012 870	0. 275 595	-0. 004 373	-0. 010 727
$USDX_{t-1}$	-0. 162 904	-0. 023 255	0. 003 195	-0. 222 638	-0. 072 220	0. 324 142	-0. 012 696
$M1_{t-1}$	0. 580 961	-0. 073 850	-0. 027 940	-0. 516 672	0. 194 891	0. 134 541	-0. 017 291
SE	6. 404 212	0. 540 559	0. 202 037	7. 752 974	5. 348 381	1. 980 337	0. 722 721

表 5 是模型的主要系数，由于 MSI-VAR 模型是截距项区制转移的，因此模型中只有截距项是随区制变化的。

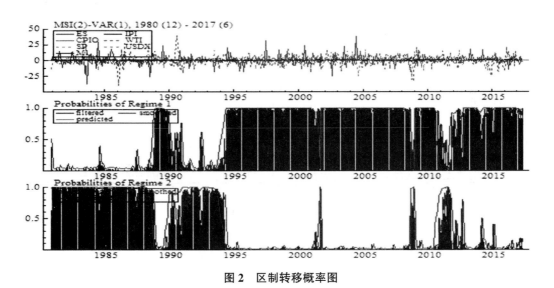

图 2　区制转移概率图

MSI（2）-VAR（1）模型得到的区制转移概率，如图 2 所示。此模型在 1988 年以前一直处于第 2 区制中，然后在 1988 年大约一年的时间里转移到第 1 区制，1990 年下半年回到第 2 区制，在 1995 年左右再次回到区制 1，直到 2008 年全球金融危机转移到区制 2，然后在 2009 年转移到区制 1，2010 年下半年极端干旱的天气转移到区制 2，直到 2012 年回到区制 1。对应到现实中，区制 2 的几年时间里正好是农产品价格下降的时间段，从图 1 中可以看到，1980 年年末到 1988 年，由于第二次石油危机和美国股灾引发的全球市场动荡，使得大豆价格下跌；1990 年至 1995 年，全球大豆产量增加，供给充裕，引起价格下降；2008 年国际金融危机导致大豆价格下跌；2010 年至 2012 年，极端干旱的天气给市场带来了减产的预期，实际上减产幅度不大，结果就是大豆价格从高价下跌。可见，在 1988 年、1995 年、2008 年以及 2010 年这几个时间节点与模型中区制转换的时间节点吻合，说明在这几个时间节点前述 6 个因素对国际大豆价格（SP）的影响出现了区制差异。

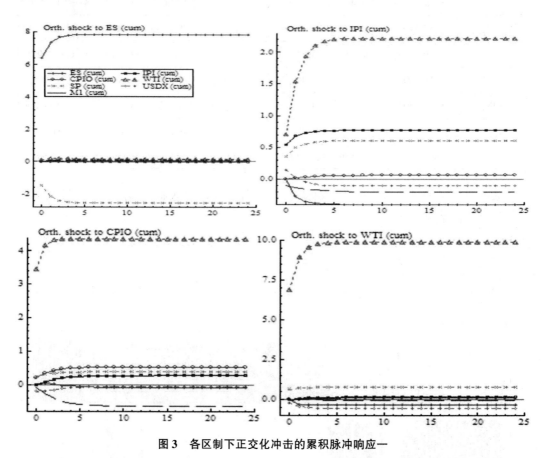

图 3　各区制下正交化冲击的累积脉冲响应一

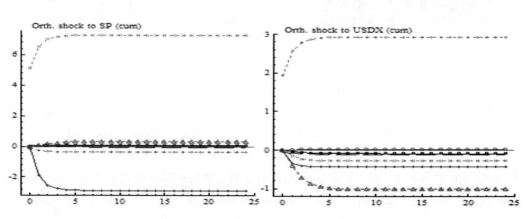

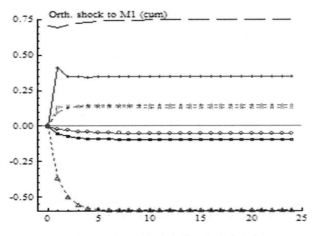

图4 各区制下正交化冲击的累积脉冲响应 二

图3和图4是通过 MSI（2）–VAR（1）模型得到的正交化冲击的累积脉冲响应图，绘制了给定各变量一个正的冲击，其他变量的累积变动，能够更加清晰地得到各因素对国际大豆价格（SP）的影响。

如图3左上，给定全球大豆期末库存（ES）一个正向的冲击，国际大豆价格（SP）下降，大约持续5个月，最终趋于稳定，而冲击对于其他变量的影响则不明显。

如图3右上，给定 OECD 工业生产指数（IPI）一个正向的冲击，国际大豆价格（SP）和美国西德克萨斯轻质原油价格（WTI）上升，大约持续5个月，然后趋于稳定，美国西德克萨斯轻质原油价格（WTI）上升幅度较大；美元指数（USDX）和全球大豆期末库存（ES）减少，大约持续5个月，然后趋于稳定。

如图3左下，给定 OECD 居民消费价格指数（CPIO）一个正向的冲击，国际大豆价格（SP）、美国西德克萨斯轻质原油价格（WTI）和 OECD 工业生产指数（IPI）上升，大约持续5个月，然后趋于稳定。

如图3右下，给定美国西德克萨斯轻质原油价格（WTI）一个正向冲击，国际大豆价格（SP）即快速上升，大约持续3个月，然后趋于稳定；美元指数（USDX）下降，大约持续3个月，然后趋于稳定；全球大豆期末库存（ES）即快速减少，大约持续1个月，然后趋于稳定。冲击对于其他变量的影响则不明显。

如图4左上，给定国际大豆价格（SP）一个正向冲击，美国西德克萨斯轻质原油价格（WTI）上升，大约持续5个月，然后趋于稳定；美元指数（USDX）下降，大约持续3个月，然后趋于稳定；全球大豆期末库存（ES）即快速减少，大约持续6个月，然后趋于稳定。冲击对于其他变量的影响则不明显。

如图4右上，给定美元指数（USDX）一个正向冲击，国际大豆价格（SP）下降，大约持续4个月，然后趋于稳定；全球大豆期末库存（ES）减少，大约持续3个月，然后趋于稳定；美国西德克萨斯轻质原油价格（WTI）下降，大约持续6个月，然后趋于稳定。冲击对于其他变量的影响则不明显。

如图 4 左下，给定美国狭义货币供应量（M1）一个正向冲击，国际大豆价格（SP）即快速上升，大约持续 1 个月，然后趋于稳定；全球大豆期末库存（ES）和美元指数（USDX）增加，大约持续 5 个月，然后趋于稳定；美国西德克萨斯轻质原油价格（WTI）下降，大约持续 5 个月，然后趋于稳定。

综合上述模型分析结果，本文得到如下实证结论：

第一，国际大豆价格（SP）总体上看一直处于增长状态，然而由于政策以及经济形势的变化，在 1988 年、1995 年、2008 年以及 2010 年这几个时间节点，发生了影响国际大豆价格（SP）的制度和机制变革，全球大豆期末库存（ES）、美国西德克萨斯轻质原油价格（WTI）、OECD 工业生产指数（IPI）、OECD 居民消费价格指数（CPIO）、美国狭义货币供应量（M1）以及美元指数（USDX）6 个因素对国际大豆价格（SP）的影响出现了区制差异。

第二，全球大豆期末库存（ES）、美国西德克萨斯轻质原油价格（WTI）、OECD 工业生产指数（IPI）、OECD 居民消费价格指数（CPIO）、美国狭义货币供应量（M1）以及美元指数（USDX）6 个因素对国际大豆价格（SP）的冲击也是持续性的，持续时间大约在一个月到半年，这说明全球大豆期末库存（ES）、美国西德克萨斯轻质原油价格（WTI）、OECD 工业生产指数（IPI）、OECD 居民消费价格指数（CPIO）、美国狭义货币供应量（M1）以及美元指数（USDX）6 个因素对国际大豆价格（SP）的冲击是具有时滞性的。

第三，给定 OECD 工业生产指数（IPI）、OECD 居民消费价格指数（CPIO）、美国西德克萨斯轻质原油价格（WTI）和美国狭义货币供应量（M1）其中一个变量正向冲击，国际大豆价格（SP）会上升；给定全球大豆期末库存（ES）和美元指数（USDX）其中一个变量正向冲击，国际大豆价格（SP）会减少。

五、结论与建议

通过大豆价格影响因素的实证研究，本文发现：第一，大豆库存、原油价格、全球流动性、全球经济状况、国际汇率以及通货膨胀 6 个指标对大豆价格的影响是显著的。第二，大豆库存、原油价格、全球流动性、全球经济状况、国际汇率以及通货膨胀对大豆价格影响的区制区分明显，但区制划分与其中的机制和制度有关。第三，从脉冲响应函数来看，大豆库存、原油价格、全球流动性、全球经济状况、国际汇率以及通货膨胀对大豆价格的冲击都是持续性的，说明 6 个变量对大豆价格的影响有一定时滞性。

因此，我们认为在中美贸易摩擦日益白热化的当下，应该提高我国的大豆自给率，削减国际经济指标对我国大豆价格的影响，对此我们提出以下三点建议：

第一，提高大连商品交易所大豆的国际影响力和大豆定价国际话语权。大豆是非常重要的农产品期货品种，如果我国开立大豆及其相关商品的国际盘，提升大连大豆的国际影响力，在国际大豆定价中获得更高的话语权。发挥期货的价格发现和套期保值功能，让我国大豆和其他农产品进口企业通过大连大豆国际期货对冲风险，应对国际大豆价格波动带来的不利影响。

第二，解决我国大豆目前进口依存度过高的问题。加快农业科技进步，创新农业经营体系，保护支持大豆产业的发展。现阶段我国农业技术落后，农民不愿耕种大豆的重要原因就是大豆产量低，产量问题必须依靠科技进步解决。为了创新农业经营体系，一方面要推进土地经营权流转，另一方面要推进土地托管代耕，购买社会化服务。除了推进农业技术进步，提高大豆产量和品质以外，还应该加大农作物补贴，更多地实现大豆自给，减少进口依赖。

第三，解决我国大豆目前进口来源地相对集中的问题。加强同南美大豆主产国的贸易合作，可以减少大豆价格波动带来的影响。随着南美大豆产量不断升高，我国可以加强与南美大豆主产国的贸易合作，减少对美国大豆的进口依赖，有效应对由于中美贸易战升级，中国对美国大豆加征关税的反制措施导致的美国大豆进口减少的状况。

国际比较

- 周阳、修文辉：粤港澳大湾区市场一体化：国际比较与法治路径
- 易苗：国际关系影响对外直接投资的中日比较分析——基于电脑编码事件数据的国际关系测度

粤港澳大湾区市场一体化：国际比较与法治路径

周　阳[1]　修文辉[2]

内容提要： 粤港澳大湾区市场一体化是推进粤港澳大湾区一体化建设的钥匙。它存在着法治、货物流动、服务业合作及人员流动等障碍。美国市场一体化与欧洲单一市场已经积累了丰富的法治实践和经验教训，并呈现出不同的特点。美国采取的是"联邦宪法—州际协议双层模式"，欧洲则是"市场驱动模式"。在适当借鉴基础上，粤港澳大湾区应当发展出符合我国国情的法治路径模式。在法治路径上，第一步是"三步走"的法治实践这可以成为粤港澳合作获得宪法直接依据最现实可行的替代方案。第二步是修订后的《中华人民共和国立法法》（以下简称为《立法法》）第13条规定为市场一体化的深化提供充足的法律空间。在市场驱动路径上，以社会公众最关切的旅检口岸监管为突破，推动人员往来便利化，并打造优良营商环境来促进市场要素便捷流动，最大幅度减少流动障碍，降低流动门槛。

关键词： 粤港澳大湾区　市场一体化　州际协议　欧洲单一市场

---

[1]　周阳，广东外语外贸大学法学院教授、云山杰出学者，法学博士，经济学博士后。
[2]　修文辉，广东外语外贸大学法学院讲师。

一、引言

一般认为，市场一体化是突破行政分割与推动区域协调发展的有效途径，也是区域一体化的核心。据研究，在 1990 年~2002 年间，我国市场分割确实阻碍了长三角地区的协调发展，而在地方政府推动市场一体化进程后，市场分割对区域协调发展的阻碍几乎逐年下降。[1]市场一体化程度较高甚至还对污染排放有一定的减排效应。[2]虽然早些年我国国内市场有走向"非一体化"的危险，但总的来说，国内产品市场的一体化已经具备了较高水平[3]，一体化程度在不断上升，国内市场一体化与国际市场一体化具有同步性特征[4]。相比之下，国内市场一体化对内陆地区影响更大[5]，并产生了显著的制造业区域集聚效应[6]，下一步应深入进行政府财政体制改革，取消不利于国内市场一体化的制度和政策障碍，通过一揽子宏观政策来改变制造业的不合理布局，加速省际交通建设等。[7]

粤港澳大湾区是我国开放程度最高、最具经济活力的区域之一，它在国家经济社会发展和改革开放大局中具有重要的战略地位。2019 年 2 月 18 日，我国正式发布《粤港澳大湾区发展规划纲要》，明确要求提升市场一体化水平，并指出投资便利化、贸易自由化以及促使人员货物往来便利化的三个努力方向。港澳回归后，粤港澳基本沿用原有管理模式，形成了"一个国家、两种制度、三类法律体系和三个单独关税区"的格局，这客观上给市场要素的进一步自由流动造成了很大的障碍。在现行行政体制下，地方行政主体很容易会以地方利益和政绩为导向，建立起以行政区划为依托的贸易壁垒，在带来行政成本和企业成本双双上升之际，最终让区域经济合作形成负面效应，这种倾向在港澳加入湾区后甚至更为严重。[8]我们认为，粤港澳大湾区市场一体化已经具备一定的基础，现在到了解决市场一体化中面临的深层次问题的时候，本文无意

---

〔1〕 参见徐现祥、李郇："市场一体化与区域协调发展"，载《经济研究》2005 年第 12 期。

〔2〕 参见张可："市场一体化有利于改善环境质量吗？——来自长三角地区的证据"，载《中南财经政法大学学报》2019 年第 4 期。

〔3〕 参见行伟波、李善同："本地偏好、边界效应与市场一体化——基于中国地区间增值税流动数据的实证研究"，载《经济学（季刊）》2009 年第 4 期。

〔4〕 参见赵永亮、才国伟："市场潜力的边界效应与内外部市场一体化"，载《经济研究》2009 年第 7 期。

〔5〕 参见盛斌、毛其淋："贸易开放、国内市场一体化与中国省际经济增长：1985~2008 年"，载《世界经济》2011 年第 11 期。

〔6〕 参见赵伟、张萃："市场一体化与中国制造业区域集聚变化趋势研究"，载《数量经济技术经济研究》2009 年第 2 期。

〔7〕 参见范剑勇："市场一体化、地区专业化与产业集聚趋势——兼谈对地区差距的影响"，载《中国社会科学》2004 年第 6 期。

〔8〕 参见国世平主编：《粤港澳大湾区规划和全球定位》，广东人民出版社 2018 年版，第 156、157 页。

全面系统地提出解决的方案，而试图在归纳主要问题基础上，以从国际经验比较的视角，提出提升粤港澳大湾区市场一体化水平的法治路径。

二、粤港澳大湾区市场一体化的主要问题

（一）法治障碍

香港和澳门是我国具有高度自治权的特别行政区，调整粤港澳合作的规范应该是国内法。港澳又是 WTO 框架内的单独关税区，它们与内地之间的经贸安排必须符合 WTO 区域经济一体化的例外规则。有人就提出，虽然广东和港澳签订的服务贸易协议，不属于 WTO 独立关税区之间的区域贸易协议，不适用于国际法，但其法律性质和地位有待明确，否则具体执行效力较低甚至无法可依。[1]也有人认为，粤港澳合作的法律基础不完全是国内法，也不是国际法，而是包括港澳基本法、WTO 框架制度、《香港特别行政区与澳门特别行政区关于建立更紧密经贸关系的安排》（以下简称为 CEPA[2]）、《粤港合作框架协议》以及《粤澳合作框架协议》等行政协议在内的复合性规则体系。[3]我们认为，CEPA 是部分内容受 WTO 规则规范和调整的一国国内的特殊法律安排，即内地关税区与港澳单独关税区的区域经济一体化安排。[4]它是同一主权国家内统辖不同的单独关税领土的政府间的区际协议。[5]因此，我们不能继续将港澳和内地在经济与法律上区别开来。《粤港澳大湾区发展规划纲要》提出，坚守"一国"之本，善用"两制"之利。粤港澳大湾区建设应该从国内法上区域合作这个角度入手探讨法治建设问题。[6]

然而，粤港澳市场一体化的法治合作安排存在两个主要障碍：第一，在宪法层面缺乏有关粤港澳合作的法治安排。这样在实践中就会遇到"一国两制"的逻辑挑战：一方面，《中华人民共和国香港特别行政区基本法》（以下简称为《香港基本法》）第

---

〔1〕 参见张光南等：《粤港澳服务贸易自由化："负面清单"管理模式》，中国社会科学出版社 2014 年版，第 329 页。

〔2〕 港澳 CEPA 的内容涉及多个经贸范畴，包括货物贸易的开放、海关程序及贸易便利化、服务贸易的开放、知识产权领域的合作、经济和技术合作工作及机构安排等的实施细则，以及成立由双方代表组成的联合指导委员会。在港澳 CEPA 下，香港特别行政区在市场准入方面承诺向澳门特别行政区开放的服务部门共 105 个；澳门特别行政区在市场准入方面承诺向香港特别行政区开放的服务部门共 72 个。

〔3〕 参见邓凯："粤港合作发展的秩序变迁：从经济整合到法治驱动"，载马化腾等：《粤港澳大湾区》，中信出版社 2018 年版，第 182 页。

〔4〕 参见曾华群："论内地与香港 CEPA 之性质"，载《厦门大学学报（哲学社会科学版）》2004 年第 6 期。

〔5〕 参见韦经建、王小林："论 CEPA 的性质、效力及其争议解决模式"，载《当代法学》2004 年第 3 期。

〔6〕 参见王禹："全面管治权理论：粤港澳大湾区法治基石"，载《人民论坛·学术前沿》2018 年第 21 期。

18 条〔1〕明确规定，除被列入基本法的附件三以外，其他全国性法律不在香港特别行政区实施，这使得中央统一立法以及设置去扁平化上位机构的大湾区法域整合模式，在现行宪制平衡秩序下面临合法性与正当性的"双重赤字"；另一方面，"一国两制"的实质是在特定历史条件下对香港做"维持现状"的速冻式制度设计，"井水不犯河水"的心态贯穿其中。〔2〕第二，粤港澳市场一体化具体法治安排还处于空白状态。大湾区规划和发展的协调机制本质是一系列市场化的制度安排，核心是基于统一规则的市场准入和市场监管。〔3〕粤港、粤澳政府间通过签署合作框架协议的方式，在市场一体化方面已经合作多年，合作也得到中央政府的大力支持。例如，在 2017 年 7 月签署的《深化粤港澳合作 推进大湾区建设框架协议》中，签署方就包括国家发改委，但这只是行政强力推动措施，代表行政一方的支持。在合作初期，法律上的空窗还不会引起太多的注意，但随着市场一体化水平的深化，各种市场要素交织在一起，会引发出各种各样的问题、冲突甚至矛盾。"井水"和"河水"也需要友好相处、互相尊重、互相学习、互相借鉴。〔4〕统一法治安排的需求就会更加突出和迫切。

（二）货物流动障碍

关税征管、监管模式、管理机制三者差异影响货物自由流动，主要体现在关税政策上。《香港基本法》与《中华人民共和国澳门特别行政区基本法》（以下简称为《澳门基本法》）均以立法的形式确定了香港、澳门的自由贸易港地位。〔5〕2017 年底，CEPA 签署，但内地与港澳要在 CEPA 框架下共同形成更优良的自由贸易环境和产生积极的叠加效应，就需要与在大湾区内的珠三角九市执行相同的关税政策。而内地与港澳之间关税征管政策差异客观存在，珠三角九市仅是内地关税区的组成部分，不具备实施独立关税政策的条件。虽然内地对原产地为港澳的进口货物实行零关税政策，但由于原产地为港澳的产品数量极为有限，实际发挥的作用并不明显，对于人口接近7000 万的大湾区居民来讲，并不重要。

香港作为自由贸易港，是内地进出口的主要转口港，口岸监管宽松，在进出口通

---

〔1〕 该条规定："在香港特别行政区实行的法律为本法以及本法第八条规定的香港原有法律和香港特别行政区立法机关制定的法律。全国性法律除列于本法附件三者外，不在香港特别行政区实施。凡列于本法附件三之法律，由香港特别行政区在当地公布或立法实施。全国人民代表大会常务委员会在征询其所属的香港特别行政区基本法委员会和香港特别行政区政府的意见后，可对列于本法附件三的法律作出增减，任何列入附件三的法律，限于有关国防、外交和其他按本法规定不属于香港特别行政区自治范围的法律。全国人民代表大会常务委员会决定宣布战争状态或因香港特别行政区内发生香港特别行政区政府不能控制的危及国家统一或安全的动乱而决定香港特别行政区进入紧急状态，中央人民政府可发布命令将有关全国性法律在香港特别行政区实施。"

〔2〕 参见邓凯："粤港合作发展的秩序变迁：从经济整合到法治驱动"，载马化腾等：《粤港澳大湾区》，中信出版社2018年版，第183页。

〔3〕 参见李幼林："'湾区经济'的上海启示"，载《中国经济特区研究》2017年第1期。

〔4〕 参见邹平学等：《香港基本法实践问题研究》，社会科学文献出版社2014年版，第5页。

〔5〕 《香港基本法》第114条规定："香港特别行政区保持自由港地位，除法律另有规定外，不征收关税。"和《澳门基本法》第110条规定："澳门特别行政区保持自由港地位，除法律另有规定外，不征收关税。"

关方面的特点集中体现为"手续特简、费用特低、速度特快"。除酒类、烟草、碳氢油类及甲醇等四类货物外，进出口一般货物无需缴纳关税，也无任何关税配额或附加税、增值税或一般服务税。进出口贸易手续十分简便，一般只要在货物进出口 14 天内，以电子方式向海关递交一份资料正确与齐备的进出口报关表格，不需要事先批准。事中事后监管非常严格，拥有与国际高标准经贸规则相适应的检验检疫标准和税收安排。[1]而内地口岸实行严格监管制度，按照三个单独关税区进出监管，与普通口岸进出境程序并无差异，通关手续繁琐，成本较高，通关时间较长。粤港澳三地口岸执法部门的"信息互换、执法互助、监管互认"合作力度不够，物流通关数据交换共享机制尚未建立，也缺乏统一的平台支撑。

（三）服务业合作障碍

在粤港澳大湾区服务业领域，普遍存在"大门开，小门未开"的现象。CEPA 对某些部门的资产规模门槛要求较高，存在服务贸易"小门"，内地复杂的营商环境及地方保护主义等"玻璃门"也影响港澳服务业投资。[2]物流合作上，还需要进一步明确和细化多式联运、跨境监管及检疫审批等特殊政策。例如，香港一直以来就是亚洲冷冻食品的重要集散地和消费地，业务量逐年递增，但土地资源稀缺导致食品仓储冷库不足，迫使香港将 2000 多个冷柜放置码头外的堆场插电存放，企业的仓储和运营成本高居不下，临近内地具有土地、劳动力、交通便捷等优势，如果适用"跨境暂存、保税转运"的模式就能为香港企业节省 30%左右的运营成本，内地招商冷链存储冷库利用率也可以从当前的不足 20%提高到 80%以上。

虽然香港是全球最开放的服务业自由市场之一，但也拥有全球最严格的监管体系。[3]在技术标准化建设方面，粤港澳管理机制和执行的法规标准存在明显差异。港澳执行国际标准，[4]检测机构在市场化运行机制上更加灵活，在检测指标上更贴近国际前沿，在技术标准的制定和使用方面更加具备国际化视野，市场服务能力更强。内地海关技术机构是由政府管理的行政技术性支持第三方检测机构，[5]双方在检测能力互认，完善实验室检验检测能力评价体系以及推进检验检测能力与国际接轨等方面存在较大差异。

---

〔1〕 参见国世平主编：《粤港澳大湾区规划和全球定位》，广东人民出版社 2018 年版，第 126 页。

〔2〕 参见张光南等：《粤港澳服务贸易自由化："负面清单"管理模式》，中国社会科学出版社 2014 年版，第 10 页。

〔3〕 参见赵瑾等：《国际服务贸易政策研究》，中国社会科学出版社 2015 年版，第 488 页。

〔4〕 例如，在动检检测领域，我国所采用的禽流感检测标准为国标和 SN 行业标准，这两种标准都是以 OIE 标准为蓝本制定的，港澳也是采用 OIE 标准；食品接触材料领域，国内技术标准关于进口产品主要是依据现行的中国国家安全标准，而中国香港在认可中国国家安全标准的同时，对欧盟、加拿大等一些国家的技术标准也同等采用，同时在此类产品标签标识方面，要求中英文双语书写。

〔5〕 严格按照 ISO/IEC 17025 建立了实验室质量管理体系，通过了检验检测机构资质认定（CMA）、食品检验机构资质认定（CMAF）和中国合格评定国家认可委员会（CNAS）的认可。

(四) 人员流动障碍

粤港澳大湾区内人员交往密切，迫切需要一个顺畅无阻的口岸通关环境，但现有口岸查验模式难以满足日益增长的进出境人流的通关需求。内地旅检通关模式改革未取得重大突破，港澳多数口岸仍然采用"在各自关境内处理各自出入境程序"的传统模式，通关时需要双边查验、双重轮候，自助查验技术应用不足。内地海关一直延续着经验式、密集型的人工作业模式，人海战术、察言观色、手工查验等是旅检现场作业的主要方式。粤港澳人员通关信息难以共享，部分口岸内地与港澳自助查验设施建设不同步，旅客感受不方便。香港居民进出内地的证件和签注申请均由内地部门办理，通关较为顺畅，所费时间较短；而内地居民赴港证件和签注申请由内地部门办理，香港方面没有相应的数据库，导致出入境查验需时较长，粤港查验时间不匹配也影响到通关效率。[1]

同时，粤港澳在行业标准、行业资质上存在差异，同行业评估标准差别较大，导致行业内商业来往的成本增加，粤港澳同行业内资质互相不认可影响了人员在区域间交流，致使区域内资源无法自由流动。[2]结果在通关便利性、生活工作环境配套上广东省无法提供香港专业人员跨境服务或跨境工作满意的条件，导致香港专业服务业无法在广东省扎根发展。[3]粤港澳三地口岸卫生检疫和疑似病例判定等标准不统一，在疾病病种方面，内地关注国境卫生检疫法所列鼠疫、霍乱、黄热病3种检疫传染病、法律要求禁止外国人入境的严重精神病、传染性肺结核以及可能对公共卫生造成重大危害的其他传染病。香港关注7种禁止进入香港的传染病和44种需呈报的传染病，这样容易造成执法资源的浪费、影响旅客体验感。

三、市场一体化国际经验的比较：美国模式与欧盟模式

(一) 美国市场一体化的法治实践："联邦宪法—州际协议双层模式"

北美殖民地宣布独立很大程度上是出于经济利益的考虑。从简单的日常购买到远距离的用船运载棉花、铁、小麦和奴隶，美国人努力通过市场让彼此之间的联系变得更为紧密。[4]然而，统一市场的努力受到了邦联体制的阻碍。《邦联条例》第2条规定，各州保留其主权、自由和独立，以及任何未经本邦联议会明确授予合众国的权力、

---

〔1〕 参见张玉阁："粤港澳大湾区要素自由流通的制约及改善——以粤港口岸通关为例"，载《港澳研究》2017年第4期。

〔2〕 参见国世平主编：《粤港澳大湾区规划和全球定位》，广东人民出版社2018年版，第179页。

〔3〕 参见张光南等：《粤港澳服务贸易自由化："负面清单"管理模式》，中国社会科学出版社2014年版，第301页。

〔4〕 参见［美］本杰明·沃特豪斯：《美国商业简史》，张亚光、吕昊天译，中信出版社2018年版，第51页。

管辖权和权力。管理贸易及征税的权力，所有政府与立法的最终权力依然属于各州。[1]由于各州对外国进口货物征收的税率不一，导致货物或者通过征收关税低的州流向征收关税高的州的市场，或者通过拥有港口的州流向其他州，从而引发了州与州之间的商业竞争。[2]在重商主义的影响下，各州以行政区划为壁垒，人为地将市场四分五裂，而后试图在一个各州拥有主权的政治基础上建立一个全国性的经济架构，却被认为是对国家自由构成了最大的威胁，统一征收进口税的法案也遭到流产。[3]于是，美国废除了《邦联条例》，在新制定的《美国宪法》第1条第8款规定，国会有权课征直接税、关税、输入税和货物税，目的是以偿付国债，提供合众国的共同防务和共同福利，且一切关税、输入税、货物税应全国统一，任何一州，未经国会同意，不得对进口货或出口货课征任何输入税和关税，国会对于任何一州输出的货物，不得课税或征收关税。它彻底解决了联邦与各州的权限划分以及各州独立对外征税对形成统一市场的最大障碍。

这只是完成第一步，接下来还需要第二步。大多数有关美国发展的分裂化倾向都与美国那套分散化的政治架构直接相关，这套架构允许各个州与各城市独立制定经济政策而不受统一安排的约束。[4]在保证市场经济充分活跃的情况下，各州之间围绕市场一体化事项产生的各种问题需要一个法治协调机制。为此，《美国宪法》第1条第10款规定，无论何州，未经国会同意，不得与另一州或外国缔结协定或条约。各州之间在国会的同意下可以缔结——包括市场一体化各类事项的——协定。该款就被称为"协议条款"，它与《邦联条例》第6条[5]极为相似，但由于联邦与邦联体制下联邦与各州权限的实质差异，使得这两个条款命运殊途异路。这两个步骤实质上分别对应联邦与州权划分以及州权与州权的法治协调，共同为打破各州壁垒，创造一个统一的市场奠定了法治框架。

州际协议是一种非常灵活的机制，可以协调州服务的提供、管制政策和设施建设，也可以建立新的地区间政府实体。这些协议使得州能够运用宪法赋予的保留权来解决区域和全国性问题，一般无需通过国会，直接采取行动。某一个协议可能会涉及两个州的部分范围或全部，也可能会涉及全国50个州、波多黎各、哥伦比亚特区、海外领地以及加拿大各个省。协议可以是封闭性的，仅限于特定的州，也可以是开放性的，

---

[1] 参见［美］戈登·S. 伍德：《美利坚共和国的缔造：1776—1787》，朱妍兰译，译林出版社2016年版，第330页。

[2] 参见王晓德：《美国对外关系史散论》，中华书局2007年版，第181页。

[3] 参见［美］约瑟夫·J. 埃利斯：《缔造共和：美利坚合众国的诞生，1783—1789》，宣栋彪译，中信出版社2018年版，第54~56页。

[4] 参见［美］诺姆·马格尔：《伟大的转型：美国市场一体化和金融的力量》，刘润基译，中信出版社2019年版，第20页。

[5] 该第6条规定，除非经过美国国会的同意，并且具体指出该协定的目的以及持续的期间，任何两个或者更多的州不能签订州际协定、结成邦联或同盟。

在任何州议会通过实行。[1]州际协议越来越受到政府决策者的关注和青睐。[2]例如，纽约州当前共缔结了 42 项州际协议，最早一个是 1921 年《纽约港务局协议》，最近的是 2008 年《五大湖——圣路易斯河盆地水资源协议》。州际协议最初集中在跨州管理内容方面，《纽约港务局协议》就是"一国"之下法律和制度明显差异的两个州成立第一个州际公共管理机构。[3]而后州际协议内容拓展至自然资源与环境的跨州开发。例如，1942 年《大西洋沿岸各州海洋渔业协议》、1947 年《太平洋沿岸各州海洋渔业协议》等。最后，开始介入各市场要素主题，包括州际交通、税收、环境、教育以及公共安全等。例如，1979 年《农业粮食购销州际协议》由加利福尼亚州与堪萨斯州通过，旨在促进美国农产品—小麦与黑麦—的出口。任何一个生产这些农作物的州都可以加入协议。1967 年《跨州税收协议》是避免对个人和商业企业重复征税，该协定当前已经有 16 个成员州，8 个主权成员州支持委员会工作并提供财政资助，26 个联系与项目成员州共同参与一个或多个委员会项目并提供资助。[4]

美国主要借助两种手段来规范州际协议在市场一体化中的作用。一方面，它推动联邦作为一个主体加入州际协议，虽然《美国宪法》就此问题没有直接作出规定。第一个这种州际协议是包括国会和 13 个州的 1965 年《阿巴拉契亚地区协议》（Appalachian Regional Compact），用来促进某些广阔地域的经济发展。[5]其目的在于进一步平衡联邦与州权，通过联邦的加入不仅可以削减一些它对州权膨胀的警惕，还可以通过立法予以相应弥补。例如，在 1979 年《农业粮食购销州际协议》通过后，还有人呼吁，国会应当成为协议的合作伙伴，并通过立法清晰地表达联邦政府的关切以及对农业粮食销售的控制，这样既能限制州际委员会以免联邦担心，又不会侵犯国会权力从而引发协议的宪法难题。[6]另一方面，国会利用宪法授予的同意权，对州际协议予以决断，如果有负面影响，甚至引发州际之间强烈反对的，将不予同意或拒绝延续批准。例如，新英格兰地区所有州议会通过并得到国会批准的《东北地区乳业协议》，有权在新英格兰地区的联邦牛奶销售令最低价格基础上，确定液体饮用奶价格，遭到了中西部和西部产奶州议员的强烈反对，消费者代表也表示反对，提高零售价格对低收入公民造成不利影响。最终，国会在 2001 年没有延续它对该协议的批准。[7]

---

〔1〕 参见［美］约瑟夫·F. 齐默尔曼：《州际合作：协定与行政协议》，王诚译，法律出版社 2013 年版，第 45 页。

〔2〕 参见何渊："论美国《宪法》'协定条款'的法律变迁及对中国区域法律治理的启示——从二元联邦主义到合作联邦主义再到新联邦主义"，载《比较法研究》2016 年第 2 期。

〔3〕 参见杨爱平、张吉星："纽约—新泽西港务局运作模式对粤港澳大湾区跨境治理的启示"，载《华南师范大学学报（社会科学版）》2019 年第 1 期。

〔4〕 参见 Member States, http://www.mtc.gov/The-Commission/Member-States，最后访问日期：2019 年 9 月 16 日。

〔5〕 参见［美］约瑟夫·F. 齐默尔曼：《州际合作：协定与行政协议》，王诚译，法律出版社 2013 年版，第 77、78 页。

〔6〕 See Anne Noris, Steven Cyril Frol, "The Interstate Grain Marketing Compact— Should Washington Be a Parner?", *Gonzaga Law Review*, Vol. 15, 1980, p. 826.

〔7〕 参见［美］约瑟夫·F. 齐默尔曼：《州际合作：协定与行政协议》，王诚译，法律出版社 2013 年版，第 76 页。

因此，美国市场一体化的法治实践可以用"联邦宪法—州际协议双层模式"予以概括。第一，在美国联邦宪法层面，"第1条第8款"奠定了全国统一大市场的法治基础，"协议条款"又为市场一体化运行层面的法治协调提供了依据；第二，相对于宏观的联邦宪法规定，市场一体化过程中大量丰富的实践，特别是行政分割的弊端由州际协议的方式予以规制，解决了微观层面的难题；第三，在联邦宪法与州际协议的互动中，从早期支持各州发展经济的立场到后期国家权力与州权的平衡，中间经过许多复杂扣搭的环节，不只为彼此牵动，甚至有时候彼此冲突排斥。1887年，《州际贸易法案》出台，联邦政府就从一个自由放任的体制过渡到部门规制的体制。[1]正如有人评论道，虽然各州和联邦政府之间的分工反映了传统的经济智慧，但情况并非总是如此。实际上，这种理解是在美国经历了监管权力及其适当位置的漫长演变之后形成的。这一经验可以从三个不同的监管反应中反映出来：首先，监管权威和保护被锚定在各州；其次，它协调了各州达成更为一致的立法；最后，被提升到联邦一级。驱动这些变化的引擎是根据不断增长的一致性和统一规则的需要。[2]

（二）欧洲单一市场的法治实践："市场驱动模式"

不管从历史还是从当前来看，欧盟的认同毋庸置疑源于它的市场一体化。欧盟经常被作为市场一体化的试验场，它一直在进行市场一体化，几乎没有破坏一体化的行为。[3]欧洲单一市场应该是欧洲政治联合后的产物。1930年6月，法国外长白里安（Aristide Briand）提交了一份关于建立欧洲联盟的备忘录，主张先从政治着手，使欧洲成为一个有机的机构，再整合关税和经济政策成为一个共同市场，从而建立起欧洲集体安全体系。相反的是，欧洲政治联合先从法德两国煤钢部门的合作开始。这不仅是因为近代工业化第一阶段的技术状况就可以用煤和铁来概括，[4]它更深层次的含义是改变相关区域长期以来致力于生产用于战争的军需品而使法德不断成为最大受害者的命运。[5]不到一年，法国、德国、意大利、荷兰、比利时和卢森堡建立煤钢共同体。1957年3月，六国鉴于煤钢共同体的良好运转，在罗马签署《关于建立欧洲经济共同体的条约》和《关于建立欧洲原子能共同体的条约》（以下统称为《罗马条约》），表明共同体将建立在关税同盟的基础之上，成员国之间取消进出口关税、同等效应的其他税费以及进出口配额，对第三方采取统一税率。一个明显有别于外界的"欧洲经济"

〔1〕 参见［美］罗伯特·戈登：《美国增长的起落》，张林山等译，中信出版社2018年版，第305页。

〔2〕 See Jonathon W. Moses, "Is Constitutional Symmetry Enough: Social Models and Market Integration in the US and Europe", *Journal of Common Market Studies*, Vol. 49, No. 4, 2011, p. 833.

〔3〕 参见［英］卡罗琳·布沙尔、约翰·彼德森、［意］娜萨莉·拓茨编著：《欧盟与21世纪的多边主义：对有效性的追求》，薄燕等译，上海人民出版社2013年版，第145~148页。

〔4〕 参见［美］威廉·麦克尼尔：《西方的兴起：人类共同体史》，孙岳等译，中信出版社2017年版，第749页。

〔5〕 参见［比］斯蒂芬·柯克莱勒、汤姆·德尔鲁：《欧盟外交政策》，刘宏松等译，上海人民出版社2017年版，第39页。

区域开始形成。[1]1968 年 7 月 1 日，欧共体完成《罗马条约》赋予的取消成员国之间的贸易限制和关税、统一各国对外关税税率的任务，形成关税同盟。1973 年，欧共体实现统一的外贸政策。1986 年 2 月，欧共体理事会签署《单一欧洲文件》，决定在 1992 年年底前实现货物、服务、资本和人口自由流动的统一大市场。1991 年 12 月，欧共体通过《欧洲联盟条约》，单一市场形式上基本建成。

欧洲单一市场的形成是欧洲一体化进程中最关键的一把钥匙，是各种因素共同作用的结果，其中欧共体机构与利益集团是有代表性的两大动力。欧共体机构泛指从煤钢共同体开始到后来欧洲共同体机构，它从诞生一开始就是欧洲单一市场的关键推动者，着重体现在破除单一市场的障碍上，发挥了非常重要的作用。例如，1993 年以后，为统一各成员国的海关操作，保障单一市场的有效实现，欧盟层面颁布了一系列海关法令，对成员国具有直接法律拘束力，各成员国海关在此法律框架下统一协调海关操作，保障了单一市场的有效运作，从而对欧盟国家海关产生了颠覆性影响，包括三个版本的《海关法典》[2]、欧盟海关通关监管以及免税政策调整等一系列海关规定，即取消欧盟内部陆路、水路边境交通工具检查，取消个人行李检查及申报手续，加之在全欧盟海关推行的海关情报系统、新版转关运输管理系统等配套电子系统，使一直存在的国与国之间关境限制和障碍得以消除。另一方面，它坚决反对与单一市场相冲突的成员国行为。例如，1988 年，与欧盟委员会在关贸总协定理事会公开的矛盾中，法国凭借自己作为关贸总协定签约国的身份，试图阻止一个有关油菜籽的争议解决方案的形成。欧盟委员会代表明确指出，共同商业政策是欧共体的专有权力，而共同体在关贸总协定理事会上是由欧盟委员会为代表的。法国无权反对已经不属于其权力范围内的事务。欧盟委员会同时强调，共同体在贸易政策上的责任是为其他签约国提供保证和安全。如果欧盟委员会被迫考虑法国的要求，就会使欧共体现有的义务和权利产生问题，即便法国是一个签约国，它的贸易政策的观点也只能被看作是空洞无效的。[3]

利益集团是欧洲单一市场形成的另一个主要动力。它们除搜集行业信息与表达利益诉求外，还积极地参与共同体机构的政策制定，更在单一市场发展陷入停滞时期发挥作用。20 世纪 60、70 年代，各种技术的和税收的壁垒仍然使共同体市场处于分裂的状态，而 1977 年的石油危机加重了各国的保护主义倾向。欧洲工商界非常渴望市场一体化能有进一步发展。由 17 个欧洲最有影响力的产业巨头组成的欧洲企业家圆桌会议（European Round Table of Industrialist，以下简称为 ERT）就具有代表性。1985 年 1 月，ERT 公开呼吁消除边界管制，开放公共采购市场，统一技术标准以及推动金融领域的

---

〔1〕 参见张著：《摇晃的钟摆：欧盟—美国关系研究》，上海社会科学院出版社 2018 年版，第 44 页。

〔2〕 即《共同体海关法典》1992 年版、《现代海关法典》2008 版和 2016 年正式实施的《欧盟海关法典》（Union Customs Code，UCC）。

〔3〕 参见［比］尤利·德沃伊斯特：《欧洲一体化进程——欧盟的决策与对外关系》，门境译，中国人民大学出版社 2007 年版，第 100 页。

融合。它联合一些欧洲跨国公司，向共同体各国政府发表措辞强烈的声明，表达了企业界对欧洲统一市场的强烈关注，甚至在统一市场计划迈入快车道后，还成立支持内部市场委员会（Internal Market Support Committee，以下简称为 IMSC），监督和推动单一市场计划的顺利实施。可见，以 ERT 为代表的欧洲产业利益集团发挥了非常关键的作用。[1] 它们有时可以与成员国首脑进行对话，也会利用媒体的作用和影响力，动员公众并给欧盟机构和成员国政府制造压力，它们在欧盟层面上取得了显著成果。[2]

因此，欧洲单一市场的法治实践可以主要概括为"市场驱动模式"。欧洲单一市场的形成逻辑是，从为建立国家信任、消除战争存在因素的单一产业合作开始，扩大到其他经济领域，而后组成关税同盟，取消成员国之间的关税，消除过境关卡限制，逐步推动人员、劳动力、资本及货物自由流动，实现真正意义上的单一市场。它与欧洲联盟共同成长，我们可以说单一市场促进了欧盟的形成，但反过来欧盟又强化了单一市场。以至于单一市场一个无意的副作用是，欧盟能够运用这种刺激措施，作为其外化战略有益的重要组成部分。[3] 欧盟的巨大成就主要体现在经济一体化方面，欧盟的经济资源也成为吸引所有欧洲申请国加入欧盟的恒定软权力资源。[4] 但是，随着市场一体化向服务贸易市场延伸，由于服务贸易常常涉及人员流动，服务贸易自由化在市场一体化政治中引入了一些特别棘手的问题。例如，提供服务往往是暂时的，通常是劳动密集型的；劳动力成本是决定某项服务价格的主要因素；许多服务市场表现出的需求价格弹性很小，结果造成服务贸易是欧洲经济的重要组成部分，却是欧洲单一市场最不成功的一个领域。[5] 透过表象看，市场一体化必然要求人员即欧洲市场公民的自由流动，他们对国民待遇提出要求，而这反过来又削弱了国民资格对市场公民地位的重要性，有人提出，将国民和欧盟公民身份解释为互补的附属关系，从而能够兼顾两者。[6] 因此，欧盟劳动力市场现在仍是分割的，离劳动力自由流动的目标有很大距离。[7] 市场一体化背后的人员身份的统一与社会政策及政治一体化实践之间互相割裂使得欧洲单一市场下一步发展步履艰难。

---

〔1〕 参见张海洋：《欧盟利益集团与欧盟决策——历史沿革、机制运作与案例比较》，社会科学文献出版社 2014 年版，第 20~167 页。

〔2〕 参见徐静：《欧盟多层级治理与欧盟决策过程》，上海交通大学出版社 2015 年版，第 174 页。

〔3〕 参见 [英] 卡罗琳·布沙尔、约翰·彼德森、[意] 娜萨莉·拓茨编著：《欧盟与 21 世纪的多边主义：对有效性的追求》，薄燕等译，上海人民出版社 2013 年版，第 158 页。

〔4〕 参见屈潇影：《软权力与欧盟扩大研究》，社会科学文献出版社 2016 年版，第 149 页。

〔5〕 See Jonathon W. Moses, "Is Constitutional Symmetry Enough? Social Models and Market Integration in the US and Europe", *Journal of Common Market Studies*, Vol. 49, No. 4, 2011, p. 827.

〔6〕 See Ferdinand Wollenschlager, "A New Fundamental Freedom beyond Market Integration：Union Citizenship and its Dynamics for Shifting the Economic Paradigm of European Integration", *European Law Journal*, Vol. 17, No. 1, 2011, pp. 32-34.

〔7〕 参见赖德胜："欧盟一体化进程中的劳动力市场分割"，载《世界经济》2001 年第 4 期。

四、粤港澳大湾区提升市场一体化水平的法治路径

（一）粤港澳大湾区市场一体化法治路径模式的选择

虽然说欧洲统一大市场仍不完善，阻碍跨境货物的瓶颈依然存在。由于网络相互连接不足，单一市场规则的实施程度是不均匀的。为此，《单一市场法案》着眼于完善法律法规和竞争政策、建立单一欧元支付区、加强统一专利体系与标准建设以及基础设施建设。[1]而美国的市场一体化进程与其说是一种注定的理所当然的结果，倒不如说是在跌跌撞撞中因势利导的产物。美国全国市场之所以能够成长到横贯整个大陆的规模，既非命中注定，亦非由科技发展带来的必然。联邦权威也无法在转瞬之间打造出这样的全国市场。体量巨大的美国全国市场，是伴随着美国西部地区逐渐被整合到美国全国经济轨道之中的进程，在彷徨踯躅之中缓慢成形的。[2]但是，客观地评价，两者代表着市场一体化发展的一个高度，也是"联邦宪法—州际协议双层模式"与"市场驱动模式"的成功。

美国市场一体化与欧洲单一市场有非常明显的差异，通常情况下，联邦各州或成员国受到经济增长和扩大贸易的承诺的诱惑而进行合作，这在市场一体化的初期两者模式是相通的，但随着一体化程度的加深，不同权限分工以及矛盾协调所产生的紧张关系变得更加明显。在美国，这种深化是伴随着工业化和资本集中化。在欧洲，这种深化与贸易扩大到服务业密切有关。在市场一体化后期，两种模式就背道而驰了。美国模式的逻辑是联邦负责市场一体化的监管，州适合鼓励经济发展；欧洲单一市场则是在欧洲层面鼓励市场一体化，却将监管责任交由成员国当局。欧盟成员国认为，在推动市场一体化同时，保持各自成员国独特的社会模式是可行的，其结果是产生两难的境地：市场一体化本质要求采取"非歧视性"做法，但客观事实是由各自成员国的法律保障，这引起了越来越多的矛盾。美国各州可以同意统一宪法的权威来支持他们多样化的社会模式，而欧洲则很难做到这一点。

回到粤港澳大湾区市场一体化的问题上，我国是一个单一制国家，中央政府拥有最高权力和唯一主权，地方政府在宪法和法律规定的权限范围内行使职权。港澳回归前，粤港澳之间的经贸往来、投资及居民跨境活动等，一直是参照国与国关系进行制度设计。因此，粤港澳大湾区市场一体化有着自身极为特殊之处，它是同一个国家境内但又分别属于三个单独关税区的特殊湾区，遇到的情况非常复杂，不能简单套用美国或者欧盟模式，而必须发展出符合我国国情的法治路径模式。

第一，在粤港澳市场一体化的初级阶段，我们主张学习欧洲单一市场"市场驱动

---

〔1〕 参见伞锋：《在危机中重新认识欧盟》，中国社会科学出版社 2015 年版，第 267~272 页。

〔2〕 参见［美］诺姆·马格尔：《伟大的转型：美国市场一体化和金融的力量》，刘润基译，中信出版社 2019 年版，第 359 页。

模式"的做法。欧洲单一市场的历史演变轨迹告诉我们，整个一体化市场源自于六国煤钢共同体的切入与推动。欧洲经济共同体的倡导者把六国共同体看作一个更加广泛的欧洲一体化进程的基础和起点。[1]与欧盟所不同的是，粤港澳大湾区同属一个主权国家，不存在一个相对弱化的中央机构，但是港澳是特别行政区的事实又表明，应当更多采用市场的手段，可以在借鉴欧盟利益集团做法基础上，将精力放在打造出优良的营商环境上，催发出更多内生力量。

第二，在粤港澳大湾区市场一体化的高级阶段，我们建议借鉴美国模式的经验，即强调法治驱动，在宪法层面吸收相关做法，将其固定成为法律条款，特别是粤港澳涉及"一国两制"诸多问题必须上升到宪法层面。同时，还必须考虑增加省际区域发展与协调的条款，一方面为包括粤港澳大湾区在内的市场一体化提供法治保障，另一方面也有利于法治化解决市场一体化过程中产生的各种问题。

（二）粤港澳大湾区市场一体化法治驱动的两条路径

第一，必须解决粤港澳大湾区合作缺乏宪法直接依据的问题，实质上也是中央和地方的立法权限划分问题。对于此类问题，在2013年上海自贸试验区设立后就引起学界的热议，一直延续至今，并主要有三类代表性观点：第一，"修宪论"，即参照美国做法，在《中华人民共和国宪法》（以下简称为《宪法》）中增加原则性的"协定条款"，"除了可能侵犯中央权力或妨碍其他省、市、县的地方利益等影响政治平衡的情形外，各级地方人大及地方政府有权签订政府间协议"。[2]这是一个彻底的根本解决方案，但考虑到我国对1982年《宪法》进行了5次修正，最近的一次是2018年，短时期内再修宪并不现实。第二，"宪法解释论"，健全宪法解释程序，对《宪法》第62条第（十六）项、第67条第（二十二）项进行解释，推导出暂时调整法律实施的宪法精神。[3]我国《宪法》确实赋予全国人大常委会解释宪法、监督宪法实施的职权，但如何解释的具体操作还没有相关实践。第三，"立法授权论"，即全国人大常委会授权广东省、珠三角九市、港澳特别行政区粤港澳大湾区区域合作权，解决粤港澳大湾区区域立法的主体合法性难题。[4]相对于修宪论与宪法解释论，立法授权比较务实。但是，全国人大及其常委会授权地方立法自从《立法法》颁布实施后就再也没有过先例。[5]我国在立法修改过程中，一贯奉行"先行先试"理念。立法前一般会选择某一个地区进行试验，发现问题、总结经验与提炼做法，进而上升到法律法规。这充分反映出我

〔1〕 参见［德］乌维·维瑟尔：《欧洲法律史：从古希腊到〈里斯本条约〉》，刘国良译，中央编译出版社2016年版，第671页。

〔2〕 何渊："论美国《宪法》'协定条款'的法律变迁及对中国区域法律治理的启示——从二元联邦主义到合作联邦主义再到新联邦主义"，载《比较法研究》2016年第2期。

〔3〕 参见刘志刚："暂时停止法律实施决定的正当性分析"，载《苏州大学学报（法学版）》2015年第4期。

〔4〕 参见朱最新："粤港澳大湾区区域立法的理论建构"，载《地方立法研究》2018年第4期。

〔5〕 参见丁伟："中国（上海）自由贸易试验区法制保障的探索与实践"，载《法学》2013年第11期。

国在立法修改过程中一直所遵循的谨慎立场，粤港澳法律问题涉及国际法与国内法，更促使国家在此问题上的稳妥心态。因此，最为可行的办法就是参照已有的相关实践。

2017 年 12 月 27 日，第 12 届全国人大常委会第 31 次会议批准《内地与香港特别行政区关于在广深港高铁西九龙站设立口岸实施"一地两检"的合作安排》（以下简称为《合作安排》）。广深港高铁是内地与香港大型基础设施建设重大合作项目，香港段已于 2018 年 9 月正式通车。中央有关部门、广东省与香港政府经反复研究，决定在广深港高铁香港西九龙站设立口岸，实施"一地两检"并鉴于在西九龙站实施"一地两检"涉及在香港设立内地口岸区以及内地与香港管辖权的划分和法律适用，采取"三步走"程序：第一步，内地和香港签署《合作安排》；第二步，由国务院提请全国人大常委会批准《合作安排》；第三步，双方通过各自法律程序落实《合作安排》。[1]由此，我们可以将这种"三步走"的实践，视为粤港澳合作获得宪法直接依据最现实可行的替代方案。一方面，港澳与珠三角九市各自按照法律程序转化为地方立法实施的做法避开了"一国两制"的障碍，使得香港基本法与澳门基本法第 18 条的难题不复存在；另一方面，它又顺利解决了粤港澳合作立法中很有可能涉及的中央事权立法的问题。

第二，粤港澳三地已经分别有各自的市场一体化的安排并有相关的法律法规支撑，如何将这些差异明显的法治安排协调起来，成为粤港澳大湾区提升市场一体化水平的当务之急。有人主张，路径有一般区际法、特殊区际法、区制规划法和区制强行法，特殊区际法和区制规划法的重要性将越来越突出，而一般区际法将越来越多地根据特殊区际法和区制规划法制定。区制强行法的制定则必须遵循《香港基本法》《澳门基本法》对有关全国性法律在特别行政区实施的规定。[2]对比参照国际区域组织内部对跨境资金流、物流、人才流等实践经验，以促进生产力要素流动为目的，在湾区事权范围内协调统一有关技术标准或流程标准，范围以外事项上报中央授权统一解决；制定、发布和实施"粤港澳大湾区城市群法治建设大纲"，在条件成熟时，制定"统一区际冲突法"解决粤港澳"三法域"的法律冲突问题。[3]显然，这又绕到了立法解决问题的传统思维模式上。

日本在 1951 年颁布《港湾法》，1956 年出台《首都圈整备法》后，又陆续制定《中部圈开发整备法》和《近畿圈整备法》，赋予大都市区政府特殊行政权力。[4]我们为什么不能参照解决问题呢？对此，我们既要充分认识粤港澳大湾区建设中突破三个单独关税区现行制度安排可能遇到的风险性和敏感性，还要考虑如何将中央的全面管

---

〔1〕 参见张晓明："关于《关于批准〈内地与香港特别行政区关于在广深港高铁西九龙站设立口岸实施'一地两检'的合作安排〉的决定（草案）》的说明"，载《人民日报》2017 年 12 月 28 日，第 6 版。

〔2〕 参见王禹："全面管治权理论：粤港澳大湾区法治基石"，载《人民论坛·学术前沿》2018 年第 21 期。

〔3〕 参见腾宏庆、张亮编著：《粤港澳大湾区的法治环境研究》，华南理工大学出版社 2019 年版，第 58、59 页。

〔4〕 刘燕玲："京津冀协同发展中政府间合作问题的法律分析——兼谈政府间行政协议的法律效力"，载周佑勇主编：《区域政府间合作的法治原理与机制》，法律出版社 2016 年版，第 118 页。

治权和保障特别行政区的高度自治权有机结合起来，充分挖掘现有法律潜力。修订后的《立法法》第 13 条[1]规定来源于自贸试验区制度创新实践，同样可以适用粤港澳大湾区市场一体化。粤港澳可以先行就市场一体化具体事项进行磋商，然后报请国务院提请全国人大常委会批准暂时调整或者暂时停止适用某些法律，为市场一体化的深化提供充足的法律空间。全国人大常委会授权是出于国家整体利益的考虑。这一点也符合美国州际协议的国会同意环节的要义，它是为了保护联邦政府的利益而特别设计的，但同时也保护了非缔约州的利益。[2]对于粤港澳大湾区市场一体化而言，也要防止形成区域性的法治壁垒，全国人大常委会所起的作用就在于此。

（三）粤港澳大湾区市场一体化市场驱动的现实路径

首先，在人员往来便利化问题上，我们建议以社会公众最关切、粤港澳三个单独关税区制度差异相对较小、也较容易达成多方合作共识的旅检口岸监管为突破，以口岸查验监管创新促进人流、车流的"小流动"，进而撬动物流、资金流、信息流等要素在大湾区内的"大流动"。针对大湾区内地与港澳多数口岸传统模式对旅客、车辆通关造成的不便，以港珠澳大桥建成通行为契机，大胆创新旅检口岸通关查验机制，联手港澳，共同切实解决旅客、车辆通关时需双边查验、双重轮候的问题。同时，建立粤港澳大湾区口岸"执法合作查验区"，在广深港高铁西九龙站"一地两检"经验积累的基础上，在粤港澳大湾区旅检口岸区域分界线位置建立"执法合作查验区"，将现行深港、珠澳分界线扩展为深港、珠澳双方口岸联检单位共同作业的边境执法区域，在保留各自抽查权的情况下，将一边的出入境检查委托给另一方一并完成，从而实现"管进不管出"[3]，使进出境旅客进出深港、珠澳只过一次关，只接受一次海关查验，从"一地两检"变成"一地一检"。

在"严进不管出"的大原则下，探索实行"单边验放"通关模式，对内地和港澳海关均需管制的进出境行李物品交由入境方海关管辖，入境方海关定期向出境方海关通报情况，保留出境方海关对旅客申报行李物品及重点布控行李物品的监管权。同时，探索研发智能旅客出入境信息管理系统，实现与边检出入境人员信息交换，把港澳居民信息纳入全国信用体系平台，实现智能旅客出入境信息管理系统与全国信用体系平台对接。在粤港澳检验检疫、物流技术标准互认上，扩大粤港澳三地在口岸通关卫生防疫、动植物检验、食品检测等领域合作，推动检验检疫标准互认和实验室资源跨境共享，适应粤港澳人员、车辆、货物跨境便捷流动的需求，共同提升突发性公共卫生

---

[1] 该条规定，全国人民代表大会及其常务委员会可以根据改革发展的需要，决定就行政管理等领域的特定事项授权在一定期限内在部分地方暂时调整或者暂时停止适用法律的部分规定。

[2] 参见［美］约瑟夫·F. 齐默尔曼：《州际合作：协定与行政协议》，王诚译，法律出版社 2013 年版，第 52 页。

[3] 尹来盛："粤港澳大湾区口岸合作：模式创新与实施路径"，载曾伟玉主编：《粤港澳大湾区研究（第一辑）》，社会科学文献出版社 2019 年版，第 215 页。

事件的快速反应能力。对于两地牌车辆管理，在深港、珠港、珠澳关境之间，简化准入审批程序，强化事中监管手段，大湾区与广东省内其他城市之间，完善事后处置机制，建立车主及粤港澳三地行政机关共同使用的车辆管理信息系统并明确通行大湾区港澳私家车的相关条件，各主管部门各司其职，由公安交管部门承担车辆境内通行监管责任、海关承担进出境监管责任、出入境管理部门承担对违法人员的管控责任、港澳政府承担车主管理责任。

其次，在贸易自由与投资便利化问题上，要素流动所能达到的水平，在一定程度上决定了粤港澳大湾区的发展进程和所能达到的高度。基于"一国两制"的现实，粤港澳大湾区短期内难以做到市场要素完全自由流动，突破的方向应该是促进要素便捷流动，最大幅度减少流动障碍，降低流动门槛。[1] 而这在很大程度上取决于营商环境的培育和升华，这应当成为现阶段贸易自由与投资便利化路径的指导思想。其一，深化粤港澳海关执法互认合作，在粤港澳三地海关现已实施的查验结果参考互认合作基础上，针对具有执法交集的安全准入领域，引入执法"正面清单"制度，将枪支弹药、毒品、卫生防疫等列入"正面清单"作为粤港澳海关共同防控内容，互认对方查验部门的检查结果，使原来聚集在彼此口岸一线的监管行为前伸后移，推动粤港澳大湾区成为一个大的"一体化"监管区域。其二，由地方政府统筹"智慧港口"建设，推动在湾区内重要外贸码头、机场空港货站同步实施自动化作业，引入自动化机械设备及配套的控制系统、指挥调度系统，实行供港食用动物电子耳标标识管理，全面实现供港澳食品农产品信息化溯源管理，应用航行港澳小型船舶检疫监管系统。同时，广泛应用射频识别（RFID）、红外感应器、环境传感器等技术设备，自动感知港口货物状态信息，实现智能化识别、定位、跟踪、监控等功能，重点在智慧物流、智慧航运、智慧仓储、智慧服务等领域形成核心竞争优势。

最后，分步扩大和推进粤港澳大湾区关税减免。第一阶段，着眼于推动 CEPA 的升级，将 CEPA 框架下对原产于香港的 1894 个品目货物和原产于澳门的 1527 个品目货物范围进一步扩大，直至取消所有原产于港澳货物出口内地的关税。第二阶段，充分借鉴美国"联邦宪法—州际协议双层模式"的方式，由国家与粤港澳三地四方协议的形式代替原双边协议形式的 CEPA，在获得全国人大常委会批准后，港澳转化为各自立法实施，珠三角九市则可以由国务院行政法规的形式实施，实质上就是通过多边性粤港澳大湾区自由经贸协定，将粤港澳地区内部经济有机联系起来。第三阶段，全面实行"准入前国民待遇+负面清单"管理模式，落实外商投资准入特别管理措施，探索推进粤港澳大湾区实施更加精干的负面清单。同时，实施外商投资全周期监管，建立完善外资备案和信息报告制度，推进粤港澳大湾区市场一体化，探索一体化的中国模式。

---

〔1〕 参见郑宇劼、谢来风："从概念到现实：粤港澳大湾区一年来的进展与突破方向"，马化腾等：《粤港澳大湾区》，中信出版社 2018 年版，第 130 页。

五、结论

粤港澳大湾区市场一体化是推进粤港澳一体化建设的钥匙。它与粤港澳大湾区建设和发展紧密联系在一起，互相促进。我们对此必须有足够的耐心和包容心，需要客观冷静看待市场一体化深化过程中的问题。纽约湾区、旧金山湾区和东京湾区是世界顶级的三大湾区，具有开放的经济结构、优化的产业结构、有效的区域协同发展、高效的资源配置能力、便捷的国际交往网络以及规模经济带来经济外溢的特点。[1]它们推动湾区超越自身发展湾区的空间概念，成为国家对外对内战略的重要基石。[2]但是，它们也经历了几十年的建设。即便是欧盟，尽管在很大程度上已经是一个"单一"的国际贸易行为体，但绝非铁板一块，各成员国在第三国或其他地区的经济利益不同。[3]虽然欧洲大陆存在着一些历史和传统上共享的文化传统，但是以不同民族、不同国家为根基发展起来的民族认同和国家认同仍然牢牢占据着欧洲普通民众的内心，欧洲认同难以替代业已存在的那些民族认同。[4]相比之下，粤港澳大湾区具有地域相近、文脉相亲的优势。同时，社会演化的观念突变在很大程度上是非随机的、非定向的。人工选择是比自然选择则更加强大的力量，而权力常常是社会演化中关键的选择力量之一。[5]而在可以通过世贸组织法律解释市场一体化失败和成功的因素中，与民主有关的问题是最重要的，因为它们决定了这种一体化进程的合法性或其他方面。[6]因此，从民族认同、权力主导及合法性的角度，粤港澳大湾区市场一体化深化有独特的优势，只要我们把坚持"一国两制、港（澳）人治港（澳）、高度自治"作为加快粤港澳大湾区建设的底线，一定可以向世界提供粤港澳大湾区市场一体化"中国模式"。

---

〔1〕 参见国世平主编：《粤港澳大湾区规划和全球定位》，广东人民出版社2018年版，第17页。

〔2〕 参见卢文彬：《湾区经济：探索与实践》，社会科学文献出版社2018年版，第171页。

〔3〕 ［比］斯蒂芬·柯克莱勒、汤姆·德尔鲁：《欧盟外交政策》，刘宏松等译，上海人民出版社2017年版，第218页。

〔4〕 参见严骁骁：《反思"规范性力量欧洲"：理论与实践》，上海人民出版社2019年版，第73页。

〔5〕 参见唐世平：《国际政治的社会演化：从公元前8000年到未来》，董杰旻、朱鸣译，中信出版社2017年版，第34~36页。

〔6〕 See Legesse Tigabu Mengie, "Market Integration through WTO Law and Questions of Democracy: The Case of Ethiopia's Accession to the WTO", *Global Trade and Customs Journal*, Vol. 11, No. 3, 2016, p. 134.

国际关系影响对外直接投资的中日比较分析

——基于电脑编码事件数据的国际关系测度

易 苗[1]

内容提要： 关于国际关系对母国对外直接投资的影响，很少有研究关注中国和日本的差异，也很少有研究运用电脑编码事件数据对国际关系进行定量测度。本文结合国际关系学和经济学，从宏观和微观两方面梳理了国际关系影响外商直接投资的理论机制，利用电脑编码事件数据定量测度了中国和日本1990年~2004年期间的国际关系数值，并以中日关系的定性分析验证了定量测度的有效性。在实证检验部分，将中国和日本1990年~2004年国际关系的定量数值导入中国和日本对外直接投资的实证分析中，通过比较两国的回归结果得出：1990年~2004年间，国际关系对中国和日本对外直接投资均有明显的正向促进作用，近期的国际关系状况成为两国对外直接投资的重要影响因素，这种影响显著且稳健。不同的是，日本的跨国企业对国际关系比较敏感，在进行对外直接投资时会及时地考虑当年的国际关系变化，而中国企业对于国际关系的变化较迟钝。同时，中国企业在对外直接投资时比日本更依赖国际关系，因此中国对外直接投资受国际关系的影响比日本要大。

关键词： 电脑编码事件数据　国际关系　对外直接投资　中日比较

---

[1] 易苗，华东师范大学经济学院国际贸易系，讲师。

一、引言

日本是亚洲地区开展对外直接投资（OFDI）较早的国家，20 世纪 60 年代已经开始起步，70 年代发展壮大，80 年代进入快速扩张期，1985 年到 1989 年间日本的对外直接投资以年均 53.3% 的速度增长（如图 1）。

（单位：百万美元）

图 1　日本 1985—2013 对外直接投资趋势 [1]

而在 1990 年后，日本的对外直接投资进入调整阶段。随着泡沫经济崩溃和世界性经济危机的爆发，日本对外直接投资连续 3 年大幅度下降，1993 年度虽开始回升，但投资额仅为 360.25 亿美元，1994 年度也只相当于 1989 年度的 59.4%。1998 年～2001 年由于亚洲金融危机的爆发，日本的对外直接投资又一次地陷入了下降期，2002 年～2004 期间稳定 3 年后，2005 年之后日本的对外直接投资出现第二个上升期。总的来说，1990 年～2004 年期间日本的对外直接投资处于一个平稳低速发展时期，期间年平均投资规模为 440 亿美元。

相对于日本，中国的对外直接投资起步较晚，非贸易型的投资 20 世纪 80 年代才开始起步，发展了 10 多年之后，1993 年中国开始实施经济软着陆，对外投资又进入清理和整顿阶段（见图 2）。而中国真正走上 OFDI 高速发展的快车道开始于 2000 年，当年中国正式提出"走出去"战略，鼓励企业在国外投资（见图 2）。

---

〔1〕　数据来源：OECD 数据库。

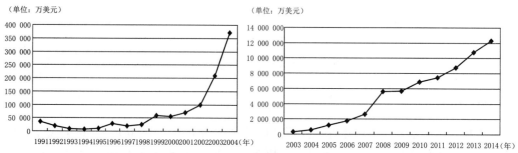

图 2 1991 年~2014 年中国批准海外投资企业 OFDI 流量 [1]

注:《中国对外经济贸易年鉴》上中国批准海外投资企业 OFDI 流量的统计数据从 1991 年开始。

与日本不同,1991 年~2004 期间中国对外直接投资分成了两阶段:1991 年~2000 年间是低速发展时期,而 2000 年后中国 OFDI 进入快速发展时期,1991 年~2004 年间年平均投资规模为 7.3 亿美元,远远低于日本同期水平。

国际关系是影响国家开展对外直接投资的重要因素。"经济外交"是战后日本提出的发展对外关系的重要策略,1957 年日本政府的第一份外交蓝皮书中就将经济外交作为一项重要政策公之于众,此后历届日本政府都致力于运用经济外交,将发展国际关系与开展对外经济活动相结合,力图互为影响互为促进。而中国政府近年来也特别重视国际关系的发展,中国企业在对外投资的道路上或多或少地都会受到与投资国国际关系的影响。中国是亚洲新兴的发展中国家,日本是亚洲传统的发达国家,两个国家在同一时期的 OFDI 发展阶段、发展模式、发展规模都大相径庭,那么两国在发展对外直接投资时受到国际关系的影响有什么异同吗?中国企业在对外投资国的选择上,应该向日本学习什么?关于国际关系对母国对外直接投资的影响,很少研究关注中国和日本的差异,也很少有研究运用电脑编码事件数据对国际关系进行定量测度。本文将结合国际关系学和经济学,从理论和实证上回答上面的问题。

文章的第二部分将回顾相关文献,第三部分梳理国际关系对对外直接投资影响的理论机制,第四部分根据电脑编码的事件数据,分别定量测度中国和日本 1990 年~2004 年间与其他国家的国际关系,第五部分为国际关系影响对外直接投资的中日比较实证检验,第六部分是总结及未来的研究方向。

二、相关文献回顾

(一) 国际关系测度的相关文献

在经济学的门类下,大多文献对于国际关系变量的指标选择比较单一,缺乏国际关系学的理论指导。如使用联合国大会中两国投票行为的一致性作为衡量两国关系好

---

[1] 数据来源:《中国对外经济贸易年鉴》。

坏的指标[1]，还有采用两国在对方设立大使馆、领事馆的数目[2]，双方国家首脑国事访问的次数和国家间的旅游人次[3]，两国对于同一世界重要事件的态度是否一致[4]等。此外，还有的研究采用一个虚拟变量，把两国的外交关系由低到高分成了代办、公使、大使三个级别[5]。然而，使用单一指标衡量两国的国际关系有所偏颇，本文认为构建一个综合、全面、系统的衡量两国国际关系的评价体系很有必要。

在国际关系学领域，提倡定量测度的学者首推清华大学阎学通教授研究团队，他们采用人工编码的事件数据分析方法，设立了一个计算两国关系的公式，然后对每月两国发生的外交事件进行赋值，最后把赋值带入公式中可以得到每月的两国关系数值。[6]阎教授 2010 年出版的《中外关系鉴览 1950—2005——中国与大国关系定量衡量》[7]一书嵌入了 ARMA 模型，完善了这种测量方法，并在书中使用该方法测量了中国与七大国家 1950 年~2005 年的国际关系。

相比经济学文献中的各种单一指标，国际关系学的事件数据分析法更为科学有效。事件数据分析方法的优点是能够涵盖两国之间发生的主要互动事件，从各个维度对两国关系进行考量，比如军事、外交、经济、非官方行为等，可以全面考察两国的国家关系。King 和 Lowe[8]详细比较了电脑编码和人工编码的事件数据方法，发现人工编码容易出现对同一事件不同编码者编码不一致的问题，电脑编码则可以实现电脑编码口径一致，且效率更高、结果更为可信。

（二）国际关系对对外直接投资影响的相关文献

理论方面，已有的成果大多认为国际关系将会直接决定两国的外商直接投资行为[9]。

---

[1] See Jing Yan, *Is China's Outward FDI Politically Driven? A Thesis of Georgetown University for the Degree of Master*, Georgetown University Press, 2012.

[2] See Andrew K. Rose, "The Foreign Service and Foreign Trade: Embassies as Export Promotion", *The World Economy*, Vol. 30, No. 1, 2007, pp. 22-38.

[3] See Volker Nitsch, "State Visits and International Trade", *The World Economy*, Vol. 30, No. 12, pp. 1797-1816.

[4] See Guy Michaels, Xiaojia Zhi, "Freedom Fries", *American Economic Journal: Applied Economics*, Vol. 2, No. 3, 2010, pp. 256-281.

[5] See Fabian Barthel, Eric Neumayer, "Competing for Scarce Foreign Capital: Spatial Dependence in the Diffusion of Double Taxation Treaties", *International Studies Quarterly*, Vol. 56, No. 4, 2012, pp. 645-660.

[6] 参见阎学通、周方银："国家双边关系的定量衡量"，载《中国社会科学》2004 年第 6 期。

[7] 阎学通等：《中外关系鉴览 1950—2005——中国与大国关系定量衡量》，高等教育出版社 2010 年版。

[8] See Gary King, Will Lowe, "An Automated Information Extraction Tool for International Conflict Data with Performance as Good as Human Coders: a Rare Events Evaluation Design", *International Organization*, Vol. 57, No. 3, 2003, pp. 617-642.

[9] See Quan Li and Tatiana Vashchilko, "Dyadic Military Conflict, Security Alliances, and Bilateral FDI Flows", *Journal of International Business Studies*, Vol. 43, No. 5, 2010: pp. 765-782. Quan Li, Guoyong Liang, "Political Relations and Chinese Outbound Direct Investment Evidence from Firm- and Dyadic-Level Tests", *RCCPB Working Paper* #19, 2012. Biglaiser, Glen, and DeRouen, Karl, "Following the Flag: Troop Deployment and US Foreign Direct Investment", *International Studies Quarterly*, 51 (4) 2007: pp. 835-854.

Nigh 认为从东道国的感知来说，东道国并不会区分投资国的 OFDI[1] 是国家指使还是跨国公司自行为之，所以不论是投资国和东道国在投资和接受投资的时候都很在意两国的国际关系。而且，国家关系影响母国投资者对 OFDI 的预测及对不确定性的评估。比如东道国的消费者往往并不会刻意区分跨国公司和他们的母国，如果两国关系交恶，他们很可能不情愿购买来自该国公司的产品，甚至抵制购买[2]。跨国公司对他国进行 OFDI，面临两大风险：一是东道国国内的系统性风险，这对于东道国国内的所有公司都成立；二是非系统性风险，这是一种特别的针对母国公司的风险，这与两国的政治关系有极大的牵连。跨国公司的投资者一旦意识到政治事件将会影响公司的回报，或者意识到双方即将实行敌对政策，那么在变化发生之前，如果还没有投资他们就会取消投资计划，如果已经投资他们可能会减少投资甚至完全撤资。相反，如果两国关系较好，不但非系统性风险会降低，一些国内固有的系统性风险可能还会降低[3]。

实证方面，关于中国的 OFDI：Yan 从经济外交的角度重新验证了 2003 年~2010 年间中国对外直接投资（OFDI）的决定因素，发现两国关系是否良好对于中国 OFDI 有着至关重要的作用，而且两国关系因素还会通过影响政治风险等间接渠道影响 OFDI。Desbordes 和 Vicard 也发现两国关系的质量能够增加国家之间的 OFDI 流量，并且还会影响双边投资协定对于双边 OFDI 的促进效果。Li 基于企业层面及双边数据对政治关系与中国对外直接投资进行了实证检验，发现中国的 OFDI 倾向于流向那些与中国有着良好关系的国家。张建红和姜建刚[4]验证了中国 2003 年~2010 年间政治关系对对外直接投资的影响，认为双边友好的外交活动能有效地促进中国对外直接投资的发展，并能够帮助中国克服东道国制度不完善带来的不利影响。杨连星等[5]利用企业层面的数据也验证了友好的国际关系有助于促进中国企业对外投资规模、多元化程度和投资成功率的提高。

关于日本在中国的 OFDI：Keisuke Iida[6]认为 2010 年中日关于"钓鱼岛问题"的

---

〔1〕 FDI 的全称是 Foreign Direct Investment，对应中文为外商直接投资，包括 FDI 的流入 IFDI（Inward FDI）和流出为 OFDI（Outward FDI），一国 FDI 的流出也是东道国 FDI 的流入。

〔2〕 See Douglas Nigh, "The Effect of Political Events on United States Direct Foreign Investment: A Pooled Time-Series Cross-Sectional Analysis", *Journal of International Business Studies*, Vol. 16, No. 1, 1985, 1-17. Quan Li, "Political Violence and Foreign Direct Investment", *Regl Economic Inlegration*, *Regional Economic Integration*, 2006（12）, pp.231-225. Li, Quan, "Foreign Direct Investment and Interstate Military Conflict", *Rcgienal Ecomenic Integration*, Vol.62, No.1, 2008, pp.53-66.

〔3〕 See Rodolphe Desbordes, Vincent Vicard, "Foreign direct investment and bilateral investment treaties: An international political perspective", *Journal of Comparative Economics*, Vol.37, No.3, 2009, pp.372-386.

〔4〕 参见张建红、姜建刚："双边政治关系对中国对外直接投资的影响研究"，载《世界经济与政治》2012 年第 12 期。

〔5〕 参见杨连星等："双边政治关系如何影响对外直接投资——基于二元边际和投资成败视角"，载《中国工业经济》2016 年第 11 期。刘晓光、杨连星："双边政治关系、东道国制度环境与对外直接投资"，载《金融研究》2016 年第 12 期。

〔6〕 See Keisuke Iida, "Political Risks and Japanese Foreign Direct Investment in East Asia: A case study of 'China-Plus-One'", *The Korean Journal of International Studies*, Vol.13, No.2, 2015, pp.383-410.

纷争极大地影响了日本跨国企业的在华对外直接投资，很多日本企业都开始或准备实行"中国+1"的投资战略，即在中国之外的地方再找一个投资目标，往往是像泰国、老挝、越南、孟加拉等一些东南亚的国家，以规避中日国际关系带来的风险。Shiro Armstrong[1]认为两国国际关系的改善可以通过减少对外直接投资（OFDI）投资环境的不确定性来促进 OFDI，在 OFDI 模型里加入了政治距离（political distance）后发现1988 年后日本在中国的对外直接投资符合这个理论。Davis 和 Meunier[2]却得出了不一样的结论：国际关系对于两国的经济影响十分有限，并没有明显证据表明两国政治关系紧张会损害经济关系。Emi Tsuyumu Vencalek[3]则认为 2012 年的中日紧张关系对2012 年后的日本在华外商直接投资的急剧下降有重要影响。

三、国际关系影响对外直接投资的理论机制

（一）对外直接投资的特性

按照国际货币基金组织的定义，对外直接投资（OFDI）是指一国的投资者将资本用于他国的生产或经营，并掌握一定经营控制权的投资行为。也可以说是一国（地区）的居民实体在其本国（地区）以外的另一国的企业中建立长期关系，享有持久利益并对之进行控制的投资。

所以，OFDI 有两个基本特性[4]：

1. 这是一种长期投资，一般来说投资后资本无法快速转移。

2. 这是一种跨越国境的投资，具体来说，包括资本从投资国的移出和移入东道国两次越境。因此，OFDI 要通过母国的资本出境审批和东道国的资本入境审批才可以实现，从而受到两国出入境机关的约束。

这两个特性决定了母国和东道国的国家关系如何将会直接或间接地影响母国的跨国公司向东道国国家的投资。具体来说，国际关系对 OFDI 的影响可以从以下宏观和微观两个层面来具体分析。

（二）宏观层面（国家层面）

不论是母国还是东道国，从两个极端的国家关系来看：如果两国交战，OFDI 的出

[1] See Shiro Armstrong, "Japanese FDI in China: Determinants and Performance", *Asia Pacific Economic Paper* No. 378, 2009.

[2] See Davis C. L., Meunier, S., "Business as usual? Economic responses to political tensions", *American Journal of Political Science*, Vol. 55, No. 3, 2011, pp. 628-646.

[3] See Emi Tsuyumu Vencalek, "Hot Economics, Cold Politics: The Influence of Anti-Japanese Protests on Japanese Foreign Direct Investment in China", Graduate degree program in East Asian Languages and Cultures and the Graduate Faculty of the University of Kansas, 2015.

[4] See Li Quan, "Foreign Direct Investment and Interstate Military Conflict", *Journal of International Affairs*, Vol. 62, No. 1, 2008, pp. 53-66.

境和入境很难被两国政府通过；如果两国同盟，两国之间的 OFDI 一定会受到两国政府的鼓励。也就是说，两国关系的好坏将直接影响两国政府对于两国间 OFDI 的政策。

1. 国家关系影响母国政府的出境审批

（1）OFDI 往往会给东道国带来一些好处，比如管理经验的提升、跨国公司的技术溢出效应、增加东道国的就业等[1]。如果两国交恶，母国政府担心这些好处有可能会增强东道国的经济、科技和军事力量，所以对于投向有可能威胁自己国家的 OFDI 审批将会格外严格。

（2）另外，出于对于本国民众和资本的安全考虑，一些投向交恶国的 OFDI 也会得不到母国政府的支持。

（3）相反，如果两国交好，特别是东道国能为母国带来好处的时候，比如在政治问题上提供支持（例如：中国向非洲一些国家投资，这些国家承诺会支持中国政府的政治主张[2]），向母国提供自然资源，或者投向东道国的投资有逆向技术溢出使母国公司受益，母国政府将会乐于通过这样的 OFDI，甚至引导本国跨国企业进行这样的 OFDI。

2. 国家关系影响东道国政府的入境审批

（1）OFDI 进入东道国之后，有可能进入到石油、信息、运输等与国防相关的重要行业，出于国防考虑，东道国将会限制一些关系不好国家的 OFDI。特别是一些国家采取经济制裁的方法来对待破坏国际关系的恶性事件，如果这种经济制裁是短期的，可能对两国 OFDI 的影响较小，但受到影响的跨国企业仍然会心有余悸，谨慎地对待未来的投资；如果这种经济制裁过于频繁，企业很有可能退出东道国，担心经济制裁带来更大的损失，那么这种影响就是广泛而持久的，甚至很长时间内是无法逆转的。

（2）能够进行 OFDI 的跨国公司，很多都是大型的竞争性较强的公司，一旦进入东道国之后，很有可能对所在行业形成垄断，从而控制该行业，左右国家的经济命脉。这样的跨国公司如果来自关系不好的国家，自然更会受到东道国政府的拒绝。

国际关系学方面，国际政治学专家约瑟夫·奈在《理解国际冲突：理论和历史的介绍》[3]一书中提出了相互依存理论。相互依存是一个系统中不同国家或地区的主体或事件相互影响的状态。简单来说，就是双方互相依赖。根据相互依存理论，跨国公司本身就是发展两国关系的主体，而外商直接投资也可以理解为本国与他国发展关系的一种经济工具。如果两国经济的相互依存度较高，那么双方发生冲突的可能性会较小，因为冲突的成本增加了，甚至冲突将会直接影响本国的经济及社会稳定。

---

〔1〕 See Q Li, T Vashchilko, "Dyadic Military Conflict, Security Alliance and Bilateral FDI Flows", *Journal of International Business Studies*, Vol. 41, No. 5, 2010, pp. 765–782.

〔2〕 See JP Tuman, M Shirali, "The Political Economy of Chinese Foreign Direct Investment in Developing Areas", *Foreign Policy Analysis*, Vol. 13, No. 1, 2015.

〔3〕 See Joseph. S. Nye, *Understanding International Conflicts – An Introduction to Theory and History*, Longman, 2006.

(三) 微观层面 (公司层面)

国家关系影响母国投资者对 OFDI 的预测及不确定性的评估[1]。

1. 成本

跨国公司进行 OFDI 大多为了盈利, 成本是不可不计较的。

(1) 审批成本。如果两国关系较好, 那么资本出入境的审批通过可能性较大, 所消耗的时间和精力较少, 减少审批成本。

(2) 运输、运营和交易成本。两国之间关系不好, 不仅仅会影响出入境投资审批, 还会影响到海关对货物的审批, 甚至影响东道国国内的运输、公司的注册、税收的缴纳、公司之间的交流、公共设施的使用等, 市场功能的下降将会带来运输成本、经营成本和交易成本的增加。

(3) 汇率成本。两国关系不好, 可能会带来金融市场的恐慌, 从而造成汇率的频繁波动, 增加汇率成本。

2. 收益

(1) 东道国的消费者往往并不会刻意区分跨国公司和他们的母国, 如果两国关系交恶, 他们很可能不情愿购买来自该国公司的产品, 甚至抵制购买, 这将会严重影响跨国公司的销售, 进而影响收益。

(2) 两国关系还会影响资金的回流, 如果两国关系不佳, 跨国公司在东道国取得的收益可能受到政府的管制, 无法回流至母国公司。

理性选择制度主义学家认为: 良好的国家关系能降低投资国在一些民主制度不发达、市场制度不健全、社会不稳定的国家进行直接投资的风险。但是, 投资者的信息来源不完全, 他们的预测能力有限。

由此可见, 大部分的理论支持: 两国的国际关系对投资国的对外直接投资有重要影响, 好的关系会促进投资, 而坏的关系则会阻碍投资。

相比落后的发展中国家, 发达国家在对外直接投资方面有着更丰富的经验, 发达国家的跨国公司更清楚两国国际关系对于自身成本和收益的影响, 所以他们可能更关心国际关系的变化, 也比发展中国家的企业更具观察国际关系变化的能力, 因而在选择投资目的国和投资规模时受两国国际关系的影响应该更迅速。发展中国家因为开展对外直接投资较晚, 经验欠缺, 还没有建立起快速有效的对于国际关系变化的反应机制, 对于国际关系的变化可能反应更迟钝, 因此推断①: 相比日本, 国际关系对于中国对外直接投资的影响要更滞后。

此外, 相比于发达国家, 发展中国家在发展对外直接投资方面没有什么硬件优势, 比如技术和管理经验的相对落后, 所以发展中国家的企业可能更看重两国的国际关系,

---

[1] See JP Tuman, M Shirali, "The Political Economy of Chinese Foreign Direct Investment in Developing Areas", *Foreign Policy Analysis*, Vol. 13, No. 1, 2015.

认为良好的国际关系可以弥补这种相对劣势，形成一种软件上的优势。因而，得出推断②：相比日本，国际关系对中国对外直接投资的影响更大。

四、基于电脑编码事件数据的 1990 年~2004 年中国和日本国际关系的定量测度

（一）测度方法与数据来源

本文对于国际关系的定量测度采用的是事件数据分析（Event Data Analysis）方法，事件数据是计算机（电脑编码）或人工（人工编码）通过读取知名新闻数据库（如人民日报、路透社、BBC 等），从新闻中逐条找到每一天国家之间发生的事件，一般计算机或人工会读取每条新闻的第一句或第二句，找到所需关键词后进行编码，如什么时间谁对谁做了什么，编码后存取下来成为事件数据。研究者如果想要对两国关系进行定量测量，需要采用一定的评分标准对发生的各种事件进行评分，然后统计出特定时期内的分数作为两国关系的分值。

本研究采用 King [1]在其网站公布的"堪萨斯事件数据系统"（KEDS）数据库，该数据库使用 IDEA（Integrated Data for Events Analysis）对各种事件进行分类编码，该分类标准是一套权威的事件数据分类方法。该数据库用电脑编码得到了 1990 年~2004 年的全球事件数据，每一个事件的编码主要包括发生的时间（date），发起者（actor），接受者（target）以及种类（type of event）。King and Lowe 中的"Goldstein 标准"则为本研究的事件分类评分标准，该评分标准有一定的权威性，且适用于 IDEA 分类的事件数据。具体地，研究从 King 的全球事件数据库中筛选出了关于中国和日本的编码（发起者或接受者里有中国或日本的编码），然后使用"Goldstein 标准"对每一个事件评分并统计出每一年所有事件的总分，作为该国与其他国家（地区）的国际关系分数。

2. 测度结果与有效性分析

计算出的中国和日本与各国的国际关系测度数值分别如表 1 和表 2 所示：

下面以中日关系为例验证表 1 和表 2 国际关系测度结果的有效性，图 3 和图 4 为 1990 年~2004 年间中日（日中）的国际关系与中日（日中）的 OFDI 对比图：

---

〔1〕 http://gking. harvard. edu，同时需要说明的是，由于该网站的事件数据只涵盖 1990 年~2004 年，因此本文后面的实证研究受限，目前无法拓展到 2005 年以后的情况。

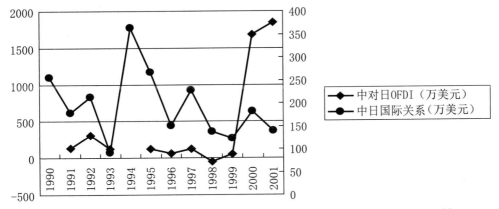

图3 1990年~2004年中日国际关系（右轴）与中国对日本 OFDI 的比较（左轴）

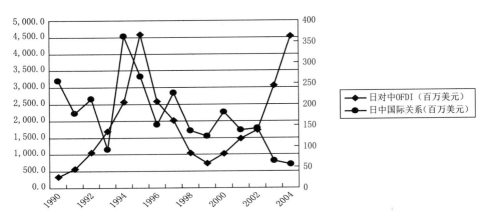

图4 1990年~2004年日中国际关系（右轴）与日本对中国 OFDI 的比较（左轴）

表1 1990年~2004年中国与各国国际关系数值

Country Name	1990	1991	1992	1993	1994	1995	1996	1997	1998	1999	2000	2001	2002	2003	2004
Afghanistan		2	−5				−2.4		−2.3	4.7	1.1	1.9	35.6		−24
United Arab Emirates	3.4	5.4	10.7	13			2	2.8		6		−0.1		−4.9	
Argentina	14.1	4.7	4.6	3.4		−0.1	8.1	4.6	4.7		21.6		−0.5		13.7
Australia	15.7	7.9	31.3	57.4	60.1	65.8	92.4	94.9	31.9	67.4	78.8	−12.7	46.5	67.7	1.6
Austria		2	4.7	−0.2	43.2	11.6	4.7	9.4	9.7	2	−0.1		−0.1		
Azerbaijan			−0.3	0.7	2	−5	−0.1	1.6	2	1.8			3.4	8	
Belgium			−2.4	5.9	2		−3	38.6	13.3	21	5.2	−0.2	15.7	2.9	−4
Bangladesh	4.7	9.3	−18	4.7	13.9	4.7	9.4	12.4	4.6	7.7			14.7	7.4	2.2
Bermuda	−0.1		3.6		−5	6.6	4.4	−0.4	1.7	7.2	22.9	11.5	2.8	−0.1	
Brazil	21.4		4.7	55.9	0.6	−0.2	25.6	5.1	7.9	−6.6	6	6.5	16.6	23.6	62.3
Canada	14	7.3	−12.3	18.6	106.6	41.4	55.7	111.5	32.6	48.2	65.7	42.2	1.5	30	34.7
Switzerland	2.9	4.6	12.9	2.4	20.7	8	19.9	14.4	6.3	20.6	14.6	9.2	11.8	5.1	

Country Name	1990	1991	1992	1993	1994	1995	1996	1997	1998	1999	2000	2001	2002	2003	2004
Chile	4.7		4.7	7.9	5.9	21.2	10.7	9.6	4.7	−0.1		−4.6			
Cuba		17.4	9.2	18.5	4.7	44.5	9.7	6.8	12		13.7	25.1			34.9
Germany	13.4	23.3	12.3	74.6	101.2	78.1	129.8	64.8	49.1	98.7	79.3	55.2	72.8	25.3	2.2
Denmark			−0.1	6	3	16.8	1.2	−0.5	19.3		3.1		−0.2		
Algeria	8.7	6.8	−2.2		−6.3		10.7	3.4	3.2	17.5			16.3	5.9	
Central Asia			−0.1		9.2		−11.1	−34.2	−28.8	−9.7		−0.1	−2.2	11.9	−0.1
Egypt	20.4	18.8	5.1		7.2		26.1	11		7.7	8		4.7		
Spain	22.8	28	29.5	22.1	12	14.1	30.9		10.6	−2.8		4.7	7	3.8	
Finland	−0.2		17.2	11.7	7.8	39	14.9	29.7	6.4	48.2	10.8	11.2	6.3	17.6	
France	14.8	92.8	12.5	7.2	165.1	81.5	119.3	131.2	74.6	64.2	24.1	24.6	52.3	34.8	32.3
United Kingdom	42.7	140.3	−43.6	140	212.8	195.4	171.3	311.2	325.5	86.9	89	45.6	46.3	53.9	36.8
Greece				−2.4	6	8				8.5	16.1	5.4		2	−4
Hungary	4	−0.1			5.5	1.8	−0.1	9.5		4.7			3		
Indonesia	76.8	8.5	10.7	17.3	38	9.1	17.9	23.7	−28.1	57.3	25	27.1	78.3	0.6	−15.4
Isle of Man	−0.1	−0.4	5.8	1.8		4.6	10.7		−4.2	4.7	1.2				
India	19.5	12.9	17.4	50.1	73.2	14.6	70.6	23.6	−14.2	30.5	25.2	55.6	45.6	53.1	21.5
Iran	15.8	54.5	14.9	10.5	23.2	11.7	−0.6	63.6	−2.2	8	24.3		20.9	3.4	11.9
Iraq	57.2	6.5	−0.1	−2.4	2	7.6	37	43.3	10.6	14.7	27.4	15.5	15.9	14.7	7.9
Israel	−0.8	14.3	112.1	50.5	24.8	23.5	−0.6	34.3	40.4	9.4	47.4	3.4	−6.9	−5.4	10.3
Italy	20.9	13.3	33.4	21	10.8	1.2	29.6	23.8	28.5	24.1	30.4	5.9	9.9	6.5	8.9
Japan	256.4	178.3	213.1	92.4	363.3	266.9	150.6	227.2	137.2	123.6	182	138.7	142.2	64.1	55.9
Kazakhstan		5.9	9.3	15.2	3	22	14.7	22	12.8	3.2	7.4	4.8	9.6	−4.2	21.6
Kyrgyzstan			7.5	6.6		9	20.2	1.9		21.3		5.2	−4.4		
Cambodia	1.4	9.4	18	−9.6	19.4	41.1	38.9	32.3	18.2	49.8	31.6	24.1	9.3	10.2	8.7
South Korea	54.8	81.6	173.5	104.7	144.5	128.7	28.5	104.2	52	77.7	106.8	41.4	16.2	98.2	67.9
Kuwait	−10.1	36.4		13.8	31	12.3	40.2	13.6			1.1				−4
Laos	35.2	9.3	7.2	−0.1	4.7	6				−0.1	4.7	6	−0.1		
Sri Lanka	10.1				26	11.9	9.4	6	−5.8	−3.7	5	13.4		−15.3	
Morocco	6.8		21.5			17	6	4.7	4.7	16.1			12.8		
Middle East	12.6	22	3.3	5.4	4.5	0.1	3.2	1.2		16	10.2	4.9	6.4		19.6
Mexico	4.7	6		−14.8	9.3	4.4	29	19.6	2.3		7.4	7	4.7	4.7	4.4
Burma	7.6	−2.1	−6.9	3.5	51	23.9	4.5	1.9	13.6	9.5	15.8	14		9.6	10.6
Mongolia	4.5	15.3	10.3	−2.2	4.7	−15.3	6.9	−5.1	7.2	9.3	6				
Malaysia	6.1	23.4	12.5	92	97.9	−3.7	55.3	45.6	9.5	86.1	33.2	17.7	30.3	9.2	0.1
Nigeria	18.9				3	20.9	15.5	−0.2		−0.1	5.8	9.3			9

续表

Country Name	1990	1991	1992	1993	1994	1995	1996	1997	1998	1999	2000	2001	2002	2003	2004
Netherlands	13.8	29.2	29	10.7	15.2	39.6	54.1	23.6	64.3	30.7	54.3	59	50.4	1.4	9.2
Norway			1.5			-3.6	17.5	6		3.5	13.8	2.2	1.9		
Nepal	13.9	-0.1	18.7	14.1		4.1	27.7		13.7	-9.2	-5.2	35	28.3		3.4
New Zealand	14.1	10.1	4.7	4.8	5.8	-2.3	-16.3	41.6	5.4	3.6	11.1	5	25.4	18.7	
Pakistan	10.3	26	23.1	34.8	34.1	29.3	16.9	37.4	8.3	98.5	20	71.7	56.3	9.9	19.7
Peru		9.4	6	6		10.7	-2.3		7.6		-4.5		-0.1		-0.2
Philippines	-0.2	-8.4	-3.7	27.3	-6.8	-27.8	-8.9	-16	-8.7	-8.7	4.1	-17.8	30.8	6.3	24.4
Poland	9.4	23.3	-4.9	1.2		18.6	3	7.6	6		2			2	
North Korea	37.6	69.5	9.9	39.6	36.4	15.9	53.1	74.4	16	23.3	79.7	84.1	48.5	136.7	223.9
Portugal		18.3	17.7	31.4	50.6	30.7	1	24.5	19	20.6		-0.1	-0.1		
Romania	9.3	12.6	2	18.8	21.5	0.2	21.3	5.4		-0.1					
Russia	14	45.3	92.4	-13.7	112.1	72.6	146.6	258.7	82.1	138.2	77.9	184.9	56.3	118.4	34.5
Saudi Arabia	48.8	25.2		13.7	16.6	-0.1	12.4	3.9	4.7	21.3	11.3	-2.3	3		5.7
Singapore	79.4	39.9	54.5	108.3	118.3	110	62.8	73	40.8	69.9	33	41.2	78.4	-3.7	47.2
Sweden	2.2	-29.6	31.5	22.4	17.3	4.6	18.7	38.5	36.5	34.3	9.6	42	19	7.2	
Syria	4	31.4	16.6			4.7	6		2	3.4	4.9			3	2.1
Thailand	36.6	22.2	6.8	16	10.6	20.6	19.3	29.5	11.8	26	27.3	81.5	17.3	8.9	11.7
United States	120	35.7	73.2	294.3	803.4	426.8	396.9	935.6	768.2	377	509.4	355.3	506.2	159.4	186.5
Venezuela	4.7			-0.1	12		34.6	5.9			2.9	36			3.9
Vietnam	64.5	56	83.8	51.2	-12.1	33.8	49.9	42.3	7.3	46.7	28.5	16.5	57.3	11.2	-21.4
South Africa	6.6	15.4	21.6	18.5	28.9	16.1	27.5	30.8	43.6	31.6	34.7	32.3	9.3	8.1	-0.4

注：为了保证后面实证检验的有效性，研究剔除了空值多于 7 个的国家，因此表 1 为剔除后的中国和 68 个国家的国际关系数值。

表 2 1990 年～2004 年日本与各国国际关系数值

Country Name	1990	1991	1992	1993	1994	1995	1996	1997	1998	1999	2000	2001	2002	2003	2004
United Arab Emirates	37.3	8.5	-1	6.1	-2.1	12.4	10.4	9.1	0.6	-0.3	11.8	-0.5	-0.9	1.3	-4.4
Argentina	4.6	13.8	29.1	33.5	27.4	21.7	11.4	13.8	25.8	15.9	7.3	-19.1	7.3	-0.1	
Australia	37.8	39	2.9	53.4	41.7	67.9	52.5	59.2	40.5	46.6	50.5	89	27.2	13.7	14.5
Austria	15.6	-0.1	4.7	5.9		-3.9	0.1		4.7	10.6	5	5.9			
Azerbaijan				-4.9		4.7	5.4	10.7	15.3		4.7	-0.1		3.4	-0.1
Belgium	22.3	16.9	34.2	24.6	18.9	12.3	5.8	4.3	1.5	4.5	5.9	9	2.2		5.5
Bangladesh	19.3	22.2	19.5	14.8	-1.8	12.6	24.4	14.8	3.4	-0.1	42.5		-0.1	5.2	-4.4
Bulgaria	3	6.7		-2.2		6	-2.8	12.1	12.9	6.1			7.4	6	0.8

Country Name	1990	1991	1992	1993	1994	1995	1996	1997	1998	1999	2000	2001	2002	2003	2004
Bahrain	1.9	1.6			4.7	12	3		3	3.4	2.2		-4		
Brazil	4.6	10.5	1.5	46.4	35.3	43.1	62.1	91.9	29.9	12.5	10.2	-0.1	-0.4	2	5.2
Canada	10.7	56.1	39.5	24.5	60.4	56.6	93.8	53.9	-4.2	29	14.7	27.7	26.1	17.1	9.6
Switzerland	19.2	14	-0.5	9.7	6.2	20.6	10.8	37.3	18.2	4	32.4	30.5	28.9	3.6	-0.3
Chile	14.6	4.9	25.8	12	8.1	-0.7	20.4	31.5	12.6	-0.1	2	-0.1	6	-0.1	14.1
China	256.4	178.3	213.1	92.4	363.3	266.9	150.6	227.2	137.2	123.6	182	138.7	142.2	64.1	55.9
Colombia	-21.4	6.5			-2.5	13.1	7.3	1.7	-1.5	17.2	15.1		2.2		
Cuba	2	4.6	3.4	5.8		31.7		32.8	3.8		3		2.9	4.6	
Czech Republic				12	10.6	7.1	2.2	-0.3	3		2	-0.3	6.7		2
Germany	100.6	48.7	69.7	70.6	63.5	42.1	51.5	57.9	68.6	79.8	84.4	107	36	12.2	21.2
Denmark	-0.1	7.9		3.4	-0.1	6	9.5	7.4	5.8	6	7.9	26.7	6		2
Algeria		-0.1		16.4	7.4		-0.1	3			6.7	7.4	5.2		
Central Asia	-0.1	3	7.4	-9.2	-20	4.7		-0.1	4.8	7.5	0.1				
Egypt	32.7	14	22.4		7.2	27.6	7.8	13.4	2.2	17.4		-9.6			7.4
Spain	2.9	15.1	9.4	-0.2	29.7		4.2	-0.1	17.3	11.8	-0.3	2.9	4.6	0.8	9.4
Finland	13.3	-0.3	2.5	4.7	2.9	15.4	-0.2	11.6	4.4	-0.2	23.9	15.2	7.8	-0.4	2
France	84.1	15.1	57	64.2	103	7.9	109.6	69	73.9	97.4	51.3	76.1	31.2	40.2	19.9
United Kingdom	93.4	92.3	112.2	74.9	82.9	143.1	98.6	82.5	126.2	53.2	61	108	23.3	26.5	-7.1
Greece		-2.4	4.8		4.8	13.6	19.5		-0.1	7.7	-0.2	6.6			
Hungary	86.5	16	8.1		24	14.8	-0.2	-0.3	3.3		9	-0.3	7.7		
Indonesia	99.2	50.1	54.2	60.1	61.2	103.4	30.6	42.7	185.2	118	39.7	12.2	26.6	35.1	-6.2
India	42.4	14.3	13.1	30.6	32.8	95	90.2	55.3	30.5	16	16.7	39.2	27.4	2.9	11.9
Ireland	4.6	4.6	3.9	-0.1	4.7	22	2	3	4.5	-0.3		3	-2.2		
Iran	37.5	38.9	29.9	21.6	26	12.5	1.2	1.1	4.7	5.1	17.5	22.6	17.7	15.1	11.8
Iraq	57.6	6.4		1.3			10.7	10.7	-1.9	0.8			-7.5	96.6	-87.6
Israel	-9.4	23.9	15.6	4.6	10.5	22.7	27.6	41.4	12	0.9	-0.1	7.2	9.2	0.6	1.2
Italy	20.6	55.9	12.3	25.6	11.5	0.8	31.7	21.7	12.3	33.9	29.4	35.4	1.5	9.5	15
Jordan	42.8		13.6	2	15.3	28.5	9.4			22.5				3.5	12.1
Cambodia	40.2	28.2	-10.4	-25.2	33	33.7	11.1	15.4	12.2	25.4	2.1	0.1	-0.2	0.8	
South Korea	108.8	125.7	55.2	59.6	145.5	8.8	42.9	133.2	54	141.8	85.9	4	93.6	78.5	117.3
Kuwait	9.3	31.7	18.1	1.8	5	38.4	15.2	3.4	8.8	-0.8	9.8	51.7	40.3	-0.5	14.1
Sri Lanka	9.4	9.4	14.1		6.7	0.1	3.4	14	9.5	1.5	19	11.8	2.2	7.6	0.9
Middle East	16.8	18.4	16.1	4.5	4.6	6.1	6	3.6	4.6	5.9	6.8	2.2	2.8	-4.6	-255.6
Mexico	70.9	24.9	25.5	-8.2		34.3	44.9	33.5	1.1	2.3	10.5	3.2	-0.1	15.1	66.5
Burma	6.6	5.6	7.7		10.5	66	25.8	18.6	12.2	8		6	12.1	12.7	

续表

Country Name	1990	1991	1992	1993	1994	1995	1996	1997	1998	1999	2000	2001	2002	2003	2004
Mongolia	18.4	3	0.8	16.2		6	5.9		12.7	9.5				−0.1	
Malaysia	35.2	97.3	33.7	34.2	20.9	79.1	30.7	55.9	77.1	73.1	37.4	19.6	20.7	29.2	5.9
Netherlands	10.4	49.1	2.7	5.3	27.5	12.8	19.9	33.4	−2.3	12.8	61.6	6	9.3	18	17
Norway	14		21.7	0.6	12	11.7	9.6	7.4	9.6			10.4	9	2	
New Zealand	−4.7	−3.3	3.1	−0.6	−2.3	−6.5	4.4	−0.5	17	2.8	10.7	8.7	22.6	3.3	0.1
Oman			6		4.7	14	8	24	14.8	1.7	19.7	7.4	−0.1	9.6	3
Pakistan	16.8	13.6	4.4	7.4	22.7	20.3	16.9	13.8	15.5	0.8	28.5	38.6	38.3	2.1	−0.1
Panama	5.3		−0.1	0.1	−0.1	4.7	−0.1	−9.6	−0.1				−9.6		
Peru	46.8	78.2	27.8	9.5	4.5	14.8	54.6	130.6	−3.3	14.4	37.1	−4.3	2	5.7	−13.1
Philippines	51.2	19.1	72.1	36	49.2	97	64.5	86.4	5.1	101.2	−0.2	35.7	27.8	18.8	5.8
Poland	51.5	9.2	5.8		26.6	29.7		20.9	11.4			1.7	4.7		
North Korea	67.2	45.2	1.7	−38.1	10.5	95.6	19.2	70.8	−16.2	30.1	90.1	−39.5	106.5	17.4	295
Portugal			1.4	10.6		1.8	5	2	1.9	4.7			2		
Qatar	−0.8	6.2	1.7	1.4	8.7	21	24.7	16.9	−0.1	−0.2	2.1	11.2	1.2	−0.8	
Romania	14.7	22.4				−11.3	2	7.4		5.8	7.6	13.4	2.2		
Russia	4.7	170.8	80	222.7	24.8	23.7	35.7	153	159.2	85.8	275.2	54.2	21.1	41.7	70.7
Saudi Arabia	40.9	28.3	28.6	23.1	30.2	25.7	24.7	67	33.9	44.4	41	7.5	9.7	6.3	17.9
Singapore	26.3	45.6	1.5	27.1	21.9	39.4	27.2	47.7	42.6	39.2	16.2	20.5	37.6	11.8	
Sweden	6.8	16.3	10.7	13.6	18	13.9	21.1	24.4	18.4	14.9	32.6	39.7	16.4	−5	−1
Syria	28.6	26.2	4.7		6.7	30.5	−3.6	8.8		10.1	4.6			1.2	
Thailand	56.1	56.8	38.1	23.2	57.2	53.7	63.6	189.3	66	34.8	31.5	22	11	16.6	9.3
Turkey	54.2	12.2	13.9	16.5	7.8	11.4	8.9	−0.1	−3.1	27.5	5.9	−0.1		9.6	15
United States	1070	814.6	724.4	818.5	1380.5	888.9	925.9	757.4	943	632.2	615.4	554.3	435.9	321.9	292.6
Venezuela		24.4	8.3	6		15.4	18.3		4.7	2.2	2.9		13.9	−4.9	11
Vietnam	18.9	59.7	92.6	78.8	64	105.1	23.1	19.1	31.8	56.5	7.5	18.8	21.6	7.1	−2.2
South Africa	28.9	28.2	61.9	7.4	44.2	49	15.4	17.3	39.6	−0.1	9.4	13.5	−0.2		

注：为了保证后面实证检验的有效性，研究剔除了空值多于 7 个的国家，因此表 2 为剔除后的日本和 69 个国家的国际关系数值。

首先，通过对图 3 和图 4 的观察可以发现：两国相互的 OFDI 与两国的国际关系走势大致保持一致，这与理论的预测也是相符的。

下面对中日事件进行定性分析，然后与定量结果做对比以求验证定量结果的有效性。研究把 1990 年~2004 年间中日之间发生的重要事件按照年份进行整理，然后，根据事件对中日关系影响的性质（正面或负面）进行分类，如表 3 所示：

表3　1990 年~2004 年中国与日本重要事件列表〔1〕

年份（年）	正面事件
1990	1. 海部俊树首相在西方七国首脑会议上宣布将恢复对华政府贷款； 2. 樱内义雄众议院议长访华； 3. 吴学谦副总理以中国政府代表身份出席明仁天皇即位典礼。
1991	海部俊树首相访华。
1992	1. 江泽民总书记访日，邀请日本明仁天皇和皇后访华； 2. 万里委员长访日； 3. 明仁天皇和皇后访华，这是历史上日本天皇首次访华，填补了中日关系史上的一项空白。
1993	江泽民主席在出席西雅图 APEC 会议期间会见细川护熙首相。
1994	1. 朱镕基副总理访日； 2. 细川护熙首相访华。两国政府签订环保合作协定； 3. 原文兵卫参议院议长访华； 4. 土井多贺子众议院议长访华，到天津抗日殉难烈士纪念馆凭吊抗战时在日死难的中国劳工； 5. 荣毅仁副主席访日，这是我国家副主席首次访日； 6. 中日两国政府就日向我提供第四批政府贷款（前三年部分）达成协议。
1995	1. 乔石委员长访日； 2. 村山富市首相访华，作为战后日现职首相首次参观了卢沟桥和中国人民抗战纪念馆； 3. 村山富市首相在战后五十周年之际代表日本政府就历史问题发表谈话，明确表示愿正视历史，承认侵略，对此表示深刻反省和道歉； 4. 江泽民主席在出席大阪 APEC 会议期间会见村山富市首相。
1996	江泽民主席在出席马尼拉 APEC 会议期间会见桥本龙太郎首相。
1997	1. 桥本龙太郎首相访华，成为战后访问我东北地区的第一位日本现职首相，并参观了"九·一八"纪念馆； 2. 李鹏总理访日，提出发展中日关系五原则"相互尊重，互不干涉内政；求同存异，妥善处理分歧；加强对话，增进了解；互惠互利，深化经济合作；面向未来，实现世代友好"。同日，中日两国政府签署渔业协定。
1998	1. 胡锦涛副主席访日，强调发展中日关系要以史为鉴，面向未来； 2. 江泽民主席对日本进行正式访问，这是中国国家元首首次访问日本，双方发表中日联合宣言，宣布两国建立"致力于和平与发展的友好合作伙伴关系"。
1999	1. 小渊惠三首相正式访华； 2. 中共中央政治局常委、全国政协主席李瑞环对日进行正式友好访问。
2000	1. 中共中央政治局候补委员、中央书记处书记兼中组部部长曾庆红同志率中国共产党代表团对日本进行友好访问； 2. 唐家璇外长正式访日； 3. 江泽民主席会见 5000 多名日本各界组成的日中文化观光交流使节团，就发展民间友好发表重要讲话； 4. 日本执政三党干事长访华；

〔1〕　事件来自人民网专题"战后中日高层互动全回顾"。

续表

年份（年）	正面事件
	5. 钱其琛副总理作为中国政府特使赴日本出席日本政府为小渊惠三前首相举行的葬礼； 6. 日本外务大臣河野洋平应邀对中国进行正式访问； 7. 朱镕基总理正式访日。
2001	1. 日本执政三党干事长访华； 2. 日本首相小泉纯一郎对华进行工作访问，参观卢沟桥抗战纪念馆，对日本侵华历史表示反省和道歉； 3. 江泽民主席会见出席上海 APEC 会议的日本首相小泉纯一郎； 4. 中日韩三国领导人在文莱 10+3 会议期间举行会晤，朱镕基理和日本首相小泉纯一郎出席； 5. 中日双方就解决大葱、香菇、蔺草席三种农产品贸易争端达成共识，日方决定不启动正式保障措施，中方撤销特别关税报复措施。
2002	1. 李鹏委员长对日本进行正式友好访问，并与日本首相小泉纯一郎共同出席纪念中日邦交正常化 30 周年"中国文化年""日本文化年"开幕式； 2. 朱镕基总理会见出席博鳌论坛首届年会的日本首相小泉纯一郎； 3. 中共中央政治局候补委员、书记处书记曾庆红访问日本大分县； 4. 以全国政协副主席胡启立为名誉团长的中国 5000 人旅游交流团访日； 5. 在日方承认中方对本国专属经济区拥有主权权利和管辖权，并依法履行必要程序后，中方批准日方打捞东海沉船； 6. 唐家璇外长在泰国出席 ACD 外长非正式会议期间与日本外相川口顺子举行会晤； 7. 唐家璇外长在文莱出席 10+3 会议期间会见日本外相川口顺子； 8. 日本外相川口顺子访华，江泽民主席、钱其琛副总理分别会见； 9. 江泽民主席出席纪念中日邦交正常化 30 周年友好交流大会，并发表重要讲话。日本 83 名国会议员和各界人士 1 万 3 千余人来华参加大会； 10. 朱镕基总理在丹麦出席第四届亚欧首脑会议期间会见日本首相小泉纯一郎； 11. 江泽民主席在墨西哥出席 APEC 第十次领导人非正式会议期间会见日本首相小泉纯一郎； 12. 朱镕基总理在金边出席 10+3 领导人会议期间，主持同日本首相小泉纯一郎、韩国总理金硕洙的中日韩领导人会晤； 13. 唐家璇外长与日本外相川口顺子通电话，就中日关系等交换意见。
2003	1. 日本媒体披露日本政府从所谓"民间所有者"手中租借钓鱼岛，中方向日本政府提出严正交涉； 2. 日本首相小泉纯一郎再次参拜靖国神社，中方提出严正交涉； 3. 日本外相川口顺子访华，温家宝总理、唐家璇国务委员分别会见； 4. 日本内阁官房长官福田康夫访华； 5. 李肇星外长访问日本； 6. 日本防卫厅长官石破茂访华； 7. 吴邦国委员长对日本进行正式友好访问； 8. 温家宝总理在印度尼西亚巴厘岛出席第七次东盟与中日韩（10+3）领导人会议期间会见日本首相小泉纯一郎； 9. 胡锦涛主席在泰国曼谷出席第 11 次亚太经济合作组织领导人非正式会议期间会见日本首相小泉纯一郎。

续表

年份（年）	正面事件
2004	1. 日本外相川口顺子访华； 2. 唐家璇国务委员在会见来华出席"2004 中国企业峰会"的日本外相川口顺子； 3. 日本众议院议长河野洋平率团访华。胡锦涛主席、吴邦国委员长、曾庆红副主席分别会见； 4. 李肇星外长在越南河内会见日本外相町村信孝； 5. 温家宝总理分别就日本受台风袭击和新泻县地震向日本首相小泉纯一郎致慰问电； 6. 中日第一轮东海磋商在北京举行； 7. 中国红十字会通过日本红十字会向日本新泻地震灾区提供 10 万美元的救灾援款； 8. 李肇星外长在智利圣地亚哥出席亚太经合组织部长级会议期间会见日本外相町村信孝； 9. 胡锦涛主席在智利圣地亚哥会见日本首相小泉纯一郎； 10. 温家宝总理在老挝万象出席第八次东盟与中日韩（10+3）领导人会议期间会见日本首相小泉纯一郎。

年份（年）	负面事件
1994	日本政府允许我国台湾地区"行政院"副院长徐立德赴日出席广岛亚运会开幕式，引发中日广岛亚运会风波。
1995	日本政府抗议我核试验，宣布冻结对我无偿援助。
1996	1. 日本右翼团体成员连续四次登上钓鱼岛，引发中日钓鱼岛风波； 2. 桥本龙太郎首相参拜靖国神社
2001	1. 日本文部科学省宣布通过右翼炮制的历史教科书，中方提出强烈抗议，要求日本政府纠正错误； 2. 日本政府允许李登辉以治病为名赴日。中方提出严正交涉，采取冻结中日高层往来、军舰访日、安全对话等措施； 3. 日本首相小泉纯一郎参拜靖国神社； 4. 日本海上保安厅巡视船追逐一艘不明国籍船只进入我专属经济区水域，双方发生交火，不明国籍船只沉没。中方对日本在东海海域使用武力表示不满。
2002	1. 日本首相小泉纯一郎再次参拜靖国神社。中方提出严正交涉，并推迟日本防卫厅长官中谷元访华及我海军舰艇编队访日； 2. 5 名偷渡来华的朝鲜人冲闯日本驻沈阳总领馆。我武警经日方同意后，进入日总领馆将 2 名非法闯入者带出。日方诬我武警违反国际法并作出强烈反应。我及时公布事实真相予以批驳。22 日，我将 5 名涉案人员遣送第三国。
2003	黑龙江省齐齐哈尔市发生侵华日军遗弃化学毒剂伤人事件，造成我重大人员伤亡。
2004	日本政府为李登辉赴日活动发放签证。中方提出严正交涉和强烈抗议。

结合图 4 和表 3 可以发现：1990 年~2004 年间的定性分析和定量结果高度吻合，总结如下：1990 年~1992 年间中日高层领导人互访频繁，尤其是 1992 年我国国家主席江泽民访日和日本天皇访华加速了中日关系在 1992 年的上升。1994 年中日关系达到一个峰值，正面事件在该年份频繁发生，直到 1994 年下半年，日本社会的保守化倾向以及右翼势力发展，使中日关系出现频繁的动荡。1994 年 9 月，日本允许我国台湾地区

"行政院"副院长徐立德赴日出席广岛亚运会开幕式，导致中日关系开始下挫，负面事件在 1995 年~1999 年间频繁发生，即使期间高层互访也有不少，但未能阻止双边关系的恶化。2000 年，形势出现好转，中日正面事件发生频繁，但自 2001 年小泉纯一郎当选日本首相至 2004 年，中日在参拜靖国神社、历史教科书以及领土海洋争端等问题上不断发生严重冲突，双边关系又一次落入低谷[1]。

值得一提的是，表 1 和表 2 所得到的中日关系数值趋势与阎学通用人工编码数据所得到的数值趋势基本保持一致，这也佐证了在用事件数据方法分析两国关系时，用电脑编码和用人工编码同样有效。

五、国际关系影响对外直接投资的中日比较实证分析

(一) 基本回归模型

参照以往研究经验，本文实证检验国际关系对 OFDI 的影响采用一个扩展的引力模型 (Augmented Gravity Model)，从市场导向、资源导向、经营导向 (包括政治风险、汇率、东道国经济的稳定等)、国际关系导向四个方面设定基本模型：

$$OFDI = \beta_0 + \beta_1 Distance + \beta_2 Market + \beta_3 Resource + \beta_4 Operationrisk + \beta_5 Relation + \varepsilon$$

(二) 指标选取和数据来源

中国 OFDI 和国际关系两个变量的数据缺失比较严重，为了保证实证检验的有效性，研究对数据进行了筛选，只保留 1991 年~2004 年间中国 OFDI 和国际关系两者均有 8 年以上数据的国家，得到了 42 个国家[2]，这 42 个国家涵盖了中国对外直接投资的主要目的地，占到 1991 年~2004 间 OFDI 的 60% 以上，如果排除我国香港地区、我国台湾地区、我国澳门地区、开曼群岛、英属维尔京群岛[3]在外，这 42 个国家所占中国 OFDI 的比重约为 75%，因此这 42 个国家的检验结果具有代表性。日本的 OFDI 数据比较齐整，因此选取表 2 中的 69 个国家作为样本。

---

〔1〕 参见阎学通等：《中外关系鉴览 1950—2005——中国与大国关系定量衡量》，高等教育出版社 2010 年版，第 273 页。

〔2〕 42 个国家是：阿联酋、阿根廷、澳大利亚、比利时、孟加拉、巴西、加拿大、德国、埃及、西班牙、法国、英国、匈牙利、印度尼西亚、印度、日本、哈萨克斯坦、吉尔吉斯斯坦、柬埔寨、韩国、老挝、斯里兰卡、摩洛哥、墨西哥、缅甸、蒙古、马来西亚、尼日利亚、荷兰、新西兰、巴基斯坦、秘鲁、菲律宾、罗马尼亚、俄罗斯、苏丹、新加坡、泰国、美国、委内瑞拉、越南、南非。

〔3〕 中国对这些国家和地区的 OFDI 往往不是最终目的地。

表 4　指标选取和数据来源

变量	指标名称和缩写	指标涵义	数据来源
被解释变量	中国对外直接投资 OFDI	中国政府批准的投向各国的 OFDI	1992 年~2005 年《中国对外经济贸易统计年鉴》
	日本对外直接投资 OFDI	日本政府实际投向各国的 OFDI	OECD 数据库
解释变量			
国际关系导向	国际关系 relation	中国（日本）与各国每年的平均国际关系指数	利用 Gary King 网站的事件数据和 Goldstein 评分标准计算得出
市场导向	人口 population	东道国年均总人口	World Bank Development Indicator
	国内生产总值 GDP	东道国的年均 GDP（现值美元）	World Bank Development Indicator
	人均生产总值 GDPcapita	东道国的人均 GDP（现值美元）	World Bank Development Indicator
	经济增长率 GDPgrowth	东道国的 GDP 增长率	World Bank Development Indicator
资源导向	燃料和采矿业出口比重 FMexport	燃料和采矿业出口占东道国总出口的比重	WTO Database
	燃料业出口比重 fuelexport	燃料业出口占东道国总出口的比重	World Bank Development Indicator
	矿石和金属出口比重 OMexport	矿石和金属业出口占东道国总出口的比重	World Bank Development Indicator
经营导向	通货膨胀率 inflation	东道国各年通货膨胀率	World Bank Development Indicator
	汇率 exchange	东道国货币兑 1 人民币（日元）	World Bank Development Indicator
	政治风险 polrisk	东道国的政治风险（由 12 种风险组成，数值越高表明越稳定）	International Country Risk Guide
	劳工成本 laborcost	东道国的制造业劳工成本，用当期平均汇率转换成美元	The UN International Labor Organization, LABORSTA
距离	距离 distance	北京到各国首都的距离	由 www.geobytes.com 网站计算得出

（三）实证方法和结果

下面将分别对中国和日本进行回归检验，然后对比检验结果分析。

中国检验使用的是 1991 年~2004 年的面板数据，日本检验使用的是 1990 年~2004 年的面板数据，使用软件均为 stata 14.0。基本模型变量的描述性统计特征如表 5 所示：

表 5 基本模型数据的描述性统计特征

变量	样本数	均值	标准差	最小数	最大数
中国模型					
ofdi	472.00	3862.07	9966.45	-44.60	94 758.09
lnofdi	470.00	6.21	2.27	0.69	11.46
lnrelation	588.00	4.22	0.55	0.88	6.89
lnrelationlag1	588.00	4.19	0.59	-0.92	6.89
lnrelationlag2	546.00	4.20	0.60	-0.92	6.89
lnpopulation	588.00	17.35	1.32	14.46	20.84
lngdp	572.00	25.43	2.02	20.46	30.14
lngdpcapita	572.00	8.08	1.66	4.96	10.66
gdpgrowth	583.00	3.65	4.60	-20.09	33.74
fmexport	514.00	22.34	26.36	0.00	99.66
fuelexport	494.00	13.99	22.20	0.00	99.66
omexport	495.00	6.47	10.87	0.00	78.09
lndistance	588.00	8.68	0.69	6.86	9.87
inflation	498.00	48.24	250.37	-9.19	3334.80
lnexchange	580.00	0.57	2.83	-10.32	7.62
lnpolrisk	523.00	3.98	0.70	1.43	4.57
lnlaborcost	330.00	5.58	2.13	-0.49	8.34
日本模型					
ofdi	549.00	1019.93	3001.71	0.00	26 128.00
lnofdi	504.00	5.20	2.06	-0.22	10.17
lnrelation	555.00	3.83	0.78	1.06	7.25
lnrelationlag1	518.00	3.85	0.78	1.06	7.25
lnrelationlag2	481.00	3.88	0.79	1.06	7.25
lnpopulation	555.00	17.25	1.46	14.93	20.98
lngdp	554.00	26.28	1.20	24.11	30.14
lngdpcapita	554.00	9.03	1.25	5.73	10.96
gdpgrowth	550.00	3.50	3.89	-14.53	18.29
fmexport	534.00	14.82	19.26	0.84	90.17
fuelexport	543.00	9.54	16.55	0.02	86.14
omexport	552.00	4.95	7.83	0.00	54.61

变量	样本数	均值	标准差	最小数	最大数
lndistance	555.00	9.01	0.53	7.05	9.82
inflation	551.00	33.24	212.10	−3.90	2700.44
lnexchange	549.00	1.42	2.55	−10.80	8.87
lnpolrisk	549.00	4.31	0.17	3.55	4.57
lnlaborcost	409.00	6.64	1.77	−0.18	8.54

注：1. 为了消除异方差以及保证各变量的稳定性，所有非百分比的数据 OFDI, relation, population, gdp, gdpcapita, distance, exchange, polrisk, laborcost 取对数，百分数的数据保持原样；

2. 删除了 ofdi 为负的数据；

3. 国际关系数值由于存在负数，无法直接取对数，因此找到最小的负值之后，所有的数据加上这个负值的绝对值之后再取对数，得到 lnrelation，而 lnrelationlag1、lnrelationlag2 为 lnrelation 的滞后一期和滞后二期。

关于面板模型的形式，由于回归模型中包含了不随时间变化的两国距离，无法使用固定效应模型，因此首先通过 Breusch-Pagan LM test 在随机效应模型和混合回归模型之间进行选择。Breusch-Pagan LM test 检验得出的 p 值用于判断面板模型的类型，如果 p 值接近于 0，则选择随机效应模型，否则选择混合回归模型。根据 Breusch-Pagan LM test 结果，本研究所有回归模型均为随机效应模型。

中国的基本模型检验结果如下表 6 所示：

1. 表 6 第二部分和第三部分的结果显示：在剔除不显著变量后，国际关系滞后一期和滞后二期变量的系数显著为正，且数值较大，说明前一期和前二期较好的两国关系能够显著地促进当期中国投资者投向该国的 OFDI，且影响较大，这符合理论预期。而第一部分中，当期国际关系变量的系数均不显著，当期的国际关系对 OFDI 的影响不大，这说明中国投资者对于两国关系的察觉是有滞后性的，只能通过对前一年或前两年的情况预测未来[1]。

2. 除了国际关系变量之外，对于中国 OFDI 还具有显著促进作用的是以下几个变量：fmexport、fuelexport、omexport 和 lnexchange。

（1）能源导向变量的系数均显著为正，这说明中国投资者对于燃料、矿产和金属资源丰富国家的青睐，1990 年~2004 年正是中国经济迅速增长的时期，生产需要的能源不仅在国内被大量开发，也通过 OFDI 这种方式从国外获取。

（2）汇率也是决定 OFDI 的重要因素，大多数汇率的系数显著为正，也就是说人民币的升值能促进投资，这是很好理解的，中国投资者的人民币在东道国越值钱，相同

---

[1] 这种现象也有可能由统计原因造成，中国 OFDI 的数据是当期政府批准的企业对外直接投资额，还没有实际投资到东道国，批准额是投资者作出投资决定后报批政府审核后的结果，当期投资者作出投资决定时很可能考虑的是前几年的国际关系状况。但后文稳健性检验中 2003 年~2004 年的检验不存在这个问题。

人民币的投资购买力越强，可以促进投资。

3. 东道国的通货膨胀率对中国 OFDI 有微弱的负面作用，系数在 1% 的水平上为负，数值大约为-0.01。这可以解释为东道国的通货膨胀率越大，则相同的人民币在东道国的购买力下降，影响投资者的投资兴趣。

4. 中国投资者却不在意东道国的 GDP 总值、人均 GDP、GDP 增长率、人口、政治风险、劳工成本和距离。中国本来就是人口大国，劳工成本比较低，因此中国的投资目的是减少劳工成本的可能性不大，1991 年~2004 年间中国的产品在发达国家或者高端市场竞争力还不够，因此 GDP 和人均 GDP 高的富裕发达国家不是中国投资者的主要目标；而政治风险也对中国投资者没有影响，可能的一个解释是两国关系的交好可以中和政治风险，因此中国投资者不在意东道国的政治风险，或者是相对于其他发达投资国家，中国国内的投资环境更接近于一些政治风险较大国家的投资环境，因此中国跨国企业对政治风险更具适应能力[1]。

下面对日本的检验模型的估计结果（表7）进行分析：

（1）第一部分的回归均采用的是当期国际关系数值，国际关系变量的回归系数均显著为正，且数值稳定在 0.26 左右（比中国国际关系变量的回归系数小）；第二部分滞后一期的国际关系回归系数仅有一个在 10% 水平显著。结合两部分的结果，可以得出：当期的国际关系对日本的对外直接投资有显著的正面影响，而滞后期的国际关系对日本的 OFDI 没有明显的作用。

也就是说，日本与东道国的国际关系越好，当期日本对该国的 OFDI 越多，这种影响几乎没有什么滞后性，这说明：日本的投资者对于国际关系的感知较为敏锐，这可能来自日本投资者丰富的投资经验。

（2）每一栏的第二个回归结果，也就是只含所有显著解释变量的结果中，lngdp、fmexport、fuelexport、和 lnpolrisk 这四个变量的回归系数是显著的。

①GDP 是市场导向变量中体现东道国市场规模的变量，市场规模是传统外商投资理论中影响跨国公司进行直接投资的重要因素，市场规模大意味着东道国的消费多，越容易实现利润，因而表现出对 OFDI 的正向作用。显然这是与中国不同的地方。

②fmexport、fuelexport 是能源导向中反映东道国燃料和矿石丰裕程度的两个指标，这两个指标的系数都显著为负，似乎日本并不青睐燃料和矿石丰裕的国家作为 OFDI 的目标，甚至还有点厌恶。这也是与中国不同的地方，可能的原因是该时期日本第三产业发达，经济的发展已经到了不需要很多燃料和矿石的阶段。

③lnpolrisk 反映的是东道国的政治风险，该变量的系数显著为正，说明政治越稳定的国家，日本的 OFDI 越多，这也符合发达国家对外直接投资的法则，是与中国不同的地方。

---

〔1〕 See Peter J Buckley, L. J. , "The determinants of Chinese outward foreign direct investment", *Journal of International Business Studies*, Vol. 38, 2007, pp. 499-518.

（3）不显著的解释变量有东道国的人口、GDP 增长率、通货膨胀率、汇率以及劳工成本。这些都对日本 1990 年~2004 年间的 OFDI 没有显著影响。

（四）稳健性检验

1. 以国际关系近年平均值作为国际关系变量指标的实证结果（克服内生性）

跨国企业在进行对外直接投资的时候，或许不仅仅以某一年（当年或前一年）的两国关系为考量因素，而是要考虑近几年的两国关系。因此，下面把近 3 年（lnrelationave3）和近 5 年（lnrelationave5）的两国关系平均数值作为国际关系变量的指标，同时也期望通过此手段克服内生性的问题，结果如表 8 和表 9。

对表 8 的结果进行分析：

大多数的国际关系变量系数（lnrelationave3 或 lnrelationave5）都显著为正，据此可以判断近年平均的国际关系对中国 OFDI 有明显的促进作用，也就是说中国投资者在做决策时，不仅仅会考虑前一年的国际关系情况，也会考虑两国近几年的关系是否交好。从数值上看，近 5 年的国际关系平均情况对中国 OFDI 的作用最大。从平均值看，国际关系对中国 OFDI 的显著正向作用是稳健的，且数值较大。其他变量的系数在显著性上基本与表 6 的结果保持一致。

对日本表 9 的结果进行分析：

（1）lnrelationave3 和 lnrelationave5 的系数均显著为正，数值仍然比中国的数值小。这验证了我们的推测，说明日本的投资者在做直接投资决策时也会考虑近几年两国关系的影响，而不仅仅是当年，且近期两国关系越好越促进日本对该国进行直接投资。国际关系对日本 OFDI 的显著正向作用是稳健的。

（2）其他变量的系数在显著性上基本与表 7 的结果保持一致，只有政治风险在模型里变得不显著。原因可能在于如果政治不稳定的国家，日本不会交好，当投资者考虑近几年国家关系时，可能已经包括政治风险因素了。

表 6　国际关系对中国对外直接投资影响的实证检验结果：基本模型

解释变量	第一部分：国际关系变量为原序列			第二部分：国际关系变量为滞后一期			第三部分：国际关系变量为滞后二期		
	能源变量为 fmexport	能源变量为 fuelxport	能源变量为 omexport	能源变量为 fmexport	能源变量为 fuelxport	能源变量为 omexport	能源变量为 fmexport	能源变量为 fuelxport	能源变量为 omexport
lnrelationpst	0.21　−0.05	0.38　−0.08	0.10　−0.05						
lnrelationlag1				0.50　0.60 **	0.60 *　0.51 **	0.45　0.68 ***			
lnrelationlag2							0.33　0.57 **	0.45　0.43 *	0.31　0.70 ***
lnpopulation	0.06	0.08	0.06	0.07	0.09	0.09	0.00	0.03	0.03
lngdp	0.11	−0.01	0.12	0.03	−0.07	0.01	0.13	0.01	0.09
gdpgrowth	0.00　0.04	0.00	0.03	0.01　0.04	0.00	0.03　0.06 *	−0.01　0.05 *	−0.02	0.01　0.07 **
fmexport	0.04　0.01 * ***	0.04　0.01 ** **	0.05 **	0.04　0.01 *** **	0.04　0.01 ** **	0.04 *　0.02	0.04　0.01 ***	0.05　0.01 * **	0.05　0.02 **
fuelexport									
omexport									
lndistance	−0.25　0.26 **	−0.19　0.14 ***	−0.21　0.42 **	−0.16　0.38 ***	−0.12　0.26 ***	−0.10　0.53 **	−0.16　0.49 **	−0.12　0.37 ***	−0.08　0.63 **
inflation	−0.01　0.00 ** ***	−0.01　−0.01 ***	−0.01　−0.01 ***	0.00　−0.01 ***	−0.01　−0.01 ***	−0.01　0.00 ***	−0.01　0.00 ***	−0.01　−0.01 ***	−0.01　0.00 ***
lnexchange	−0.02　0.17 **	−0.03　0.16 *	−0.02	0.00　0.20 **	−0.01　0.18 **	−0.01　0.20 **	0.05　0.21 **	0.04　0.20 **	0.05　0.19 ***

续表

解释变量	第一部分：国际关系变量为原序列			第二部分：国际关系变量为滞后一期			第三部分：国际关系变量为滞后二期		
	能源变量为fmexport	能源变量为fuelxport	能源变量为omexport	能源变量为fmexport	能源变量为fuelxport	能源变量为omexport	能源变量为fmexport	能源变量为fuelxport	能源变量为omexport
lnpolrisk	0.14	0.13	0.08	0.16	0.16	0.10	0.19	0.20	0.13
lnlaborcost	0.05	0.03	0.07	0.05	0.04	0.07	0.08	0.07	0.10
LM 检验 P 值	0.32　0	0.30　0	0.33　0	0.40　0	0.44　0	0.41　0.06	0.39　0.06	0.43　0	0.38　0.26

注：1. 上表分为三个部分，考虑到能源导向的三个变量有重叠部分，为避免多重共线性，表内共有九栏，每部分又分三栏，每一次都删除最不显著的解释变量直至留下最后一栏有两个回归结果，每一栏有九栏，第一个模型把所有变量作为解释变量，第二个模型是逐步删除解释变量最后显著下留下最后删除最不显著的变量直至除国际关系和距离之外的所有解释变量都显著）。例如，第一部分第一栏表示解释变量中国际关系变量为原序列，能源变量的指标为fmport，含所有解释变量的模型回归结果。

2. *、**、*** 分别表示该变量系数在10%、5%、1%的水平上通过显著性检验。

3. lngdpcapita 发生多重共线性问题被 stata 自动删除。

表 7 国际关系对日本对外直接投资影响的实证检验结果：基本模型

解释变量	第一部分：国际关系变量为原序列						第二部分：国际关系变量为滞后一期					
	能源变量为 fmexport		能源变量为 fuelexport		能源变量为 omexport		能源变量为 fmexport		能源变量为 fuelexport		能源变量为 omexport	
lnrelation	0.28 **	0.26 ***	0.28 **	0.25 **	0.27 **	0.26 ***						
lnrelationlag1							0.07		0.06	0.11	0.07	0.19 *
lnpopulation	0.40		0.41		0.39		0.44 *		0.43	0.33 *	0.45 *	
lngdp	0.30	0.43 ***	0.28	0.35 ***	0.33	0.43 ***	0.32	0.35 **	0.32	0.25 *	0.35	0.47 ***
gdpgrowth	0.04 *		0.04 *		0.04 *		0.04 **		0.04 **		0.04 **	
fmexport		-0.02 **					-0.01	-0.02 **				
fuelexport			-0.01	-0.03 ***					-0.03	-0.03 ***		
omexport					0.04 *						0.03	
lndistance	-0.80	-0.73	-0.81	-0.89 **	-1.04 *	-1.00 **	-0.87	-0.91 *	-0.94 *	-0.76 *	-1.13 **	-1.07 **
inflation	-0.02 *		-0.02 *		-0.02 **		-0.02 *		-0.02 *		-0.02 **	
lnexchange	0.10	0.07 *	0.09		0.08		0.06		0.05		0.04	
lnpolrisk	0.41	1.12 **	0.41	1.18 **	0.58	1.06 *	0.44	0.99 *	0.46	1.69 ***	0.55	1.13 *
lnlaborcost	0.24		0.24		0.25		0.25		0.25		0.27	
LM 检验 p 值	0	0	0	0	0	0	0	0	0	0	0	0

注：1. 国际关系变量为滞后二期的回归结果与国际关系变量为滞后一期类似，故未列出。其他同表 6。

表 8 国际关系对中国 OFDI 影响的结果：以近年平均值作为国际关系变量

解释变量	第一部分：以近 3 年平均值作为国际关系变量						第二部分：以近 5 年平均值作为国际关系变量					
	能源变量为 fmexport		能源变量为 fuelexport		能源变量为 omexport		能源变量为 fmexport		能源变量为 fuelexport		能源变量为 omexport	
lnrelation-ave3	0.36	0.57 **	0.54	0.45	0.31	0.75 ***						
lnrelation-ave5							1.28 ***	0.89 ***	1.42 ***	0.81 ***	1.14 **	1.01 ***
lnpopulati-on	0.01		0.03		0.03		0.02		0.04		0.03	

续表

解释变量	第一部分：以近3年平均值作为国际关系变量						第二部分：以近5年平均值作为国际关系变量					
	能源变量为 fmexport		能源变量为 fuelxport		能源变量为 omexport		能源变量为 fmexport		能源变量为 fuelxport		能源变量为 omexport	
lngdp	0.11		-0.02		0.09		-0.16		-0.28		-0.12	
gdpgrowth	-0.01	0.05 *	-0.01		0.01	0.07 **	-0.04		-0.04		-0.02	
fmexport	0.04 ***	0.01 *					0.04 ***	0.01 **				
fuelxport			0.04 **	0.01 *					0.04 **	0.01		
omexport					0.05 **	0.02 *					0.06 **	0.04 ***
lndistance	-0.14	0.49	-0.09	0.37	-0.08	0.64 ***	0.43	0.57 *	0.45	0.61 *	0.48	0.65 ***
inflation	-0.01 **	0.00 ***	-0.01 **	-0.01 ***	-0.01 **	0.00 ***	0.00	-0.01 ***	0.00	-0.01 ***	0.00	-0.01 ***
lnexchange	0.05	0.21 ***	0.04	0.20 **	0.05	0.20 ***	0.17	0.25 ***	0.17	0.25 ***	0.17	0.22 ***
lnpolrisk	0.19		0.20		0.13		0.13		0.14		0.04	
lnlaborcost	0.08		0.07		0.11		0.07		0.06		0.10	
LM 检验 P 值	0.29	0.09	0.30	0.01	0.30	0.33	1.00	0.14	1.00	0.07	1.00	0.45

表9　国际关系对日本 OFDI 影响的结果：以近年平均值作为国际关系变量

解释变量	第一部分：以近3年平均值作为国际关系变量						第二部分：以近5年平均值作为国际关系变量					
	能源变量为 fmexport		能源变量为 fuelxport		能源变量为 omexport		能源变量为 fmexport		能源变量为 fuelxport		能源变量为 omexport	
lnrelation-ave3	0.53 **	0.40 **	0.50 **	0.44 ***	0.54 ***	0.49 ***						
lnrelation-ave5							0.95 ***	0.72 ***	0.91 ***	0.77 ***	0.97 ***	0.82 ***
lnpopulation	0.29		0.27		0.30		0.15		0.13		0.16	
lngdp	0.41 *	0.58 ***	0.43 *	0.51 ***	0.43 *	0.58 ***	0.35	0.47 ***	0.38	0.40 ***	0.35	0.42 ***
gdpgrowth	0.04 *		0.04 *		0.04 *		0.04 *		0.04 *		0.04 *	
fmexport	-0.01	-0.03 ***					-0.01	-0.03 ***				

解释变量	第一部分：以近 3 年平均值作为国际关系变量			第二部分：以近 5 年平均值作为国际关系变量		
	能源变量为 fmexport	能源变量为 fuelxport	能源变量为 omexport	能源变量为 fmexport	能源变量为 fuelxport	能源变量为 omexport
fuelexport		−0.03　−0.03 ***				−0.03　−0.04 ***	
omexport			0.02			0.01
lndistance	−0.88　−0.70	−0.96 * −0.78 *	−1.10　−0.88 ** **	−0.70　−0.55	−0.79　−0.62	−0.86 −0.74 *
inflation	−0.01	−0.01	−0.02 *	−0.01	−0.01	−0.01
lnexchange	0.07	0.06	0.06	0.03	0.02	0.02
lnpolrisk	−0.50	−0.53	−0.49	−0.81	−0.88	−0.86
lnlaborcost	0.31	0.32	0.34	0.24	0.25	0.26
LM 检验值	0　　0	0　　0	0　　0	0　　0	0　　0	0　　0

2. 全部国家的实证结果

中国基本模型中，OFDI 变量采用的是当年政府批准企业对外直接投资数据，2003 年中国国家统计局与原外经贸部建立了《对外直接投资统计制度》，2004 年起共同对外发布了年度统计公报，2003 年后的中国对外直接投资统计遵循经济合作与发展组织（OECD）《关于外国直接投资统计基准定义》（第 4 版）及国际货币基金组织《国际收支手册》（第 6 版）相关统计原则，更具科学性且包涵几乎世界上所有国家。因此，为了验证基本模型的稳健性，虽然只有两年，我们仍然尝试用与 OECD 统计标准相一致的中国 OFDI 数据来作为国际关系变量的指标，实证结果如表 10。

而日本，我们则选择 OECD 数据库有日本 OFDI 记录的全部国家作为样本，共 93 个国家。结果见表 11。

中国表 10 的结果显示：

（1）滞后期和近年平均的国际关系变量指标的系数大多显著为正，但当期的国际关系变量指标系数仍不显著，这与基本模型的结论保持一致，再次佐证了国际关系对中国 OFDI 的促进作用以及这种作用的滞后性。

（2）基本模型中的能源导向变量在表中变得不再显著，而市场导向变量，如 GDP、人均 GDP，变得显著为正。这说明中国的 OFDI 的能源导向在 2003 年~2004 年间变得不再突出，取而代之的是对东道国市场情况的重视。

日本表 11 的结果显示：

①lnrelation 的回归系数依然稳定在 0.25 左右，且较显著；lnrelationlag1 的系数依然不显著。这说明基本模型中的国际关系变量对日本 OFDI 的促进作用是稳定的，即日本的实际 OFDI 受到当期两国关系的影响，两国关系越好 OFDI 越多。

②每栏第二列市场导向变量中，lngdp 变得不显著，而 lngdpcapita 和 lnpopulation 变得显著为正。这可能是因为增加的这些国家多数是经济落后的发展中国家，而日本对这些国家的 OFDI 更看重东道国的人口数和平均经济水平。

表10　国际关系对中国 OFDI 影响的结果：全部国家 2003 年~2004 年

解释变量	第一部分：国际关系变量为原序列 fmexport		第一部分 fuelxport		第一部分 omexport		第二部分：国际关系变量为滞后一期 fmexport		第二部分 fuelxport		第二部分 omexport		第三部分：国际关系变量为滞后二期 fmexport		第三部分 fuelxport		第三部分 omexport	
lnrelation	0.61	0.27	0.57	0.27	0.45	0.27												
lnrelationlag1							0.21	0.68***	0.26	0.47*	0.11	0.56**						
lnrelationlag2													0.11	0.56***	0.13	0.56***	0.03	0.56***
lnpopulation	-1.12***	0.24*	-1.21***	0.24*	-1.03**	0.24*	-1.17***		-1.26***		-1.06**		-1.13**		-1.20***		-1.04**	
lngdp	1.29***		1.33***		1.32***		1.42***		1.43***	0.29***	1.43***	0.25**	1.41***		1.43***		1.44***	
lngdpcapita		0.49***		0.49***		0.49***		0.39***						0.39***		0.39***		0.39***
gdpgrowth	0.18		0.23		0.21		0.22		0.27*		0.24*		0.21		0.26*		0.24*	
fmexport	0.03						0.03						0.03					
fuelexport			0.02						0.02						0.02			
omexport					0.06*						0.06	0.02						0.06*
lndistance	-1.26*	-0.46	-1.05	-0.46	-1.47**	-0.46	-1.31**	-0.46	-1.08*	-0.44	-1.53**	-0.49	-1.38**	-0.50	-1.18*	-0.50	-1.58**	-0.50
inflation	0.01		0.00		0.01		0.02		0.01		0.01		0.01		0.01		0.01	
lnexchange	-0.09	0.24***	0.02	0.24***	-0.17	0.24***	-0.06	0.22***	0.04	0.17**	-0.15	0.13*	-0.07	0.21***	0.03	0.21***	-0.17	0.21***
lnpolrisk	0.17		0.20		0.08		0.16		0.19		0.07		0.14		0.16		0.06	
lnlaborcost	-0.10		-0.11		-0.03		-0.09		-0.10		-0.03		-0.08		-0.09		-0.03	
LM 检验 P 值	0.37	0.01	0.31	0	0.30	0	0.29	0	0.26	0	0.22	0.01	0.28	0	0.24	0	0.22	0

表11　国际关系对日本对外直接投资影响的实证检验结果：样本为 93 个国家

解释变量	第一部分：国际关系变量为原序列 fmexport		第一部分 fuelxport		第一部分 omexport		第二部分：国际关系变量为滞后一期 fmexport		第二部分 fuelxport		第二部分 omexport	
lnrelation	0.27**	0.26***	0.27**	0.25**	0.26**	0.24**						
lnrelationlag1							0.05	0.12	0.05	0.14	0.07	0.21*

续表

解释变量	第一部分：国际关系变量为原序列						第二部分：国际关系变量为滞后一期					
	能源变量为 fmexport		能源变量为 fuelxport		能源变量为 omexport		能源变量为 fmexport		能源变量为 fuelxport		能源变量为 omexport	
lnpopulation	0.24	0.39 **	0.28	0.54 ***	0.23	0.36 **	0.28	0.49 ***	0.30	0.62 ***	0.28	0.35 ***
lngdp	0.32		0.31		0.39		0.34		0.35		0.40	
lngdpcapita		0.39 ***		0.34 **		0.40 ***		0.37 **		0.36 **		0.43 ***
gdpgrowth	0.04 **		0.04 **		0.04 **		0.04 **		0.04 **		0.04 **	
fmexport	−0.01	−0.03 ***					−0.03 *	−0.03 ***				
fuelexport			−0.02 *	−0.02 **					−0.04 **	−0.03 **		
omexport					0.05 *						0.03	
lndistance	−0.76	−0.68	−0.78	−0.79	−1.06 *	−0.80	−0.75	−0.73	−0.82	−0.82 *	−1.10 *	−0.81
inflation	−0.01 *		−0.01 *			−0.02 **	−0.01 *			−0.02 **		−0.02 **
lnexchange	0.09	0.07 *	0.08		0.07		0.05		0.04		0.04	
lnpolrisk	0.51	1.30 **	0.50	1.42 **	0.72	0.11	0.55	1.35 ***	0.53	1.64 ***	0.73	
lnlaborcost	0.20		0.20		0.21		0.19		0.19		0.23	
LM 检验 p 值	0	0	0	0	0	0	0	0	0	0	0	0

表 12 中日实证结果的比较及分析

	中国	日本	可能的原因
相同点	国际关系对中国和日本的 OFDI 均有显著的促进作用，两国投资者在考虑国际关系因素的时候都会考虑近期两国关系的影响。		中日投资者在做出 OFDI 决策时都要考虑两国的国际关系，因为两国国际关系的好坏将会直接或间接地影响投资带来的利润。
不同点	中国的 OFDI 不受当期国际关系的影响，而受到前一期或前二期的影响。	日本的 OFDI 受当期国际关系的影响，而不受前一期国际关系的影响。	相比中国企业，日本企业对外直接投资的经验更丰富，因此对于国际关系的感知更为敏锐。
	中国的 OFDI 受国际关系影响较大。	日本的 OFDI 受国际关系影响较小。	中国企业在对外直接投资时更依赖国际关系。
	东道国的能源丰沛程度、通货膨胀率、两国的兑换汇率也对中国对外直接投资有重要影响。	东道国的政治风险、经济规模和距离也对日本对外直接投资有重要影响。	两国投资目的不同。中国的 OFDI 更具资源导向，通货膨胀率和汇率影响也较大；而日本 OFDI 的市场导向性更明显，更注重政治风险的影响。

六、主要结论与未来的研究方向

综合表 6~11 的实证结果,我们可以发现 1990 年~2004 年间中日 OFDI 的异同,见表 12。实证检验的结果验证了本文理论上的主要推断:(1)国际关系对我国和日本对外直接投资均有重要影响;(2)相比日本,国际关系对于我国对外直接投资的影响要更滞后;(3)相比日本,国际关系对我国对外直接投资的影响更大。

同时,实证检验还告诉我们两国 OFDI 在其他方面的差异:相比于我国企业,日本企业在 OFDI 目的国的选择中,更看重东道国的发达经济和较低的政治风险,这表明日企进行对外直接投资时在控制风险的前提下增加盈利的目的,比较符合传统的外商直接投资理论;而我国企业更青睐能源丰沛的东道国,人民币在东道国的购买力也是中国企业在意的因素,1990 年~2004 年间正是我国工业迅速发展的时期,需要能源支持,因而我国的 OFDI 更符合该阶段中国经济发展的需要。

研究认为,中日的不同主要来自两个方面的差异:(1)日本对外直接投资起步早,日本跨国企业的对外直接投资经验丰富,深知国际关系对于投资后收益和成本的重要影响,对于国际关系变化的观察更为敏锐,因此他们利用国际关系的变化指导对外直接投资也更迅速;(2)我国企业想要走出去,投资的初始阶段没有产品、品牌、技术、管理上的企业优势,而国际关系成为我国企业克服重重困难的一个有效工具,如果两国交好,不仅有利于销售产品,而且风险和成本都能受到一定的控制,特别是在两国政府支持的前提下,很多投资的手续及资金来源都会便利化。因而,他们在 OFDI 时特别看重两国国际关系的影响。

本文结合国际关系学和经济学,从宏观和微观两方面梳理了国际关系影响外商直接投资的理论机制,并探讨了发达国家和发展中国家对外直接投资时国际关系影响的差异。利用 King 的 1990 年~2004 年间的世界事件数据编码和 Goldstein 事件评分标准定量测度了我国和日本 1990 年~2004 年间的国际关系数值,以中日关系的定性分析验证了定量测度的有效性。在实证检验部分,将我国和日本 1990 年~2004 年间国际关系的定量数值导入我国和日本对外直接投资活动的实证分析中,通过比较两国的回归结果得出:1990 年~2004 年间,国际关系对中国和日本对外直接投资均有着明显的正向促进作用,近期的国际关系状况成为两国对外直接投资的重要影响因素,这种影响显著且稳健。不同的是,日本的跨国企业经验丰富对于国际关系比较敏感,在进行 OFDI 时会及时地考虑当年的国际关系变化,而我国企业对于国际关系的变化较迟钝。同时,我国企业为了克服其他方面的劣势,更依靠国际关系的好坏来进行对外直接投资,因此中国 OFDI 受国际关系的影响比日本要大。除了国际关系影响的不同之外,1990 年~2004 年间日本的 OFDI 更具市场导向,而我国的 OFDI 更具能源导向。

国际关系对于对外直接投资的盈利能力有着重要影响,我国企业要学习日本企业,在"走出去"的道路上培养对于国际关系变化的洞察力,利用好两国关系这个重要工具,在政府的引导下把资金投向正确的国家。同时,我国企业也要发展自身的产品和品牌，提高技术水平、丰富海外经营管理经验及控制风险的能力，只有这样才能从硬件和软件上均获得优势，提升对外直接投资的盈利能力。

　　事实上，2004 年以后中国的对外直接投资增长迅猛，2016 年我国的非金融类直接投资已经达到 1701 亿美元。令人遗憾的是，由于 King 发布的事件数据只覆盖 1990 年～2004 年，从而限制了研究的时间跨度，特别是近年事件数据的缺失，无法检验我国和日本对外直接投资的最新变化和导向。这也给未来的相关研究提供了空间，如果能使用计算机技术给近年的世界事件数据进行编码，则能极大地推动相关研究的发展。另外，作者也很关心日本跨国公司在华的外商直接投资状况，2012 年以来日本在华的直接投资规模急剧下降，很多日企都提出"中国+1"的投资策略，这是否与中日国际关系的变化有关？还是这只是日本跨国企业应对中国劳动力成本上升、经济增长趋缓等经济因素变化的一种投资目的的重新调整，这些问题都亟待研究。当然，如果中日关系能够得到进一步的改善，对于中国和日本的跨国企业来说都是利好的消息，不仅能够挽留日本在中国的外商直接投资，也能促进逐渐强大的我国企业走向日本。最后，我国对"一带一路"倡议沿线国家的对外直接投资近期迅速上升，这也与新一届政府上台后对"一带一路"倡议国家外交关系的重视密不可分。例如，习近平主席仅在 2015 年一年就先后访问了"一带一路"倡议沿线的巴基斯坦、印尼、哈萨克斯坦、俄罗斯、白俄罗斯，体现出"外交服务经济"的特点。

实务分析

- 孟雪娇、姚砚珣：我国电子游戏贸易的本地市场效应研究

我国电子游戏贸易的本地市场效应研究

孟雪娇〔1〕   姚砚珣〔2〕

内容提要： 本文为解决我国游戏产业发展中存在的诸如产品同质化、国内市场严重垄断、国内用户规模几近饱和、出口过度依赖单一市场、出口产品技术含量低等问题，在 Krugman 新贸易理论中规模经济、存在贸易成本等假设下，采用我国与 20 个游戏产品主要贸易国 2002 年~2015 年间的双边贸易数据，通过拓展的引力模型，建立了一个融合了人口规模、贸易自由度、文化差异、科技应用水平、研发投入等诸多变量的实证模型，验证了我国电子游戏产品本地市场效应的存在性。根据实证结果，扩大游戏市场内需、提高贸易开放程度、加快产品创新以促进产品差异化、增加研发投入对我国电子游戏出口有正向促进作用，并在此基础上提出政策建议。

关键词： 电子游戏贸易　本地市场效应　引力模型

〔1〕 孟雪娇，兰州财经大学硕士研究生，国际贸易学专业，联系电话 18794805054，邮箱 2855761052@ qq. com，通信地址：甘肃省兰州市城关区段家滩 496 号。

〔2〕 姚砚珣，兰州财经大学硕士研究生，国际商务专业，联系电话 18284050941，邮箱 18284050941@ 163. com。

一、引言

（一）研究背景

习近平总书记在十九大报告中指出，我国经济已由高速增长阶段转向高质量发展阶段。这就需要将原有的依赖劳动、资源、资本为主的发展方式向人力资本积累和创新驱动经济发展方式转变，这就要求经济结构持续优化和发展动力转换；同时要健全现代文化产业体系和市场体系，全国各地紧抓政治机遇，培育以数字文化产业为代表的新型文化业态，发展文化产业新动能，推动文化产业转型升级。《国际文化市场报告2018》中显示，国际文化市场中游戏产业增速最快。中国自主研发游戏正在逐步扩大其国际影响力，目前中国已经成为名副其实的游戏输出大国。但我国游戏产业存在规模大但质量不高，自主创新能力不强等问题，高质量发展为游戏产业指明了发展方向，要求游戏产业积极优化产品质量，提高自主创新能力，同时为满足人民群众的个性化、多样化的新需求，拓展游戏新功能、新价值，提升游戏产品的文化内涵，让人民感受到更多获得感、幸福感、安全感。

为推进文化层面供给侧结构性改革，2016年12月国务院印发了《"十三五"国家战略性新兴产业发展规划》，首次将数字创意文化产品纳入其中，与生物、高端制造、绿色低碳产业和新一代信息技术并列成为战略性新兴产业五大支柱。2017年4月文化部发布了《关于推动数字文化产业创新发展的指导意见》，这是首个针对数字文化产业的指导文件，向社会公众明确发出鼓励数字文化产业发展的信号。数字文化产品是以文化创意内容为核心，具有创新性、低耗性、引领性、可持续的鲜明特点。这些政策的发布给包括游戏产业在内的数字文化产业指明了发展方向和目标。

社会背景方面，2016年9月教育部在《普通高等学校高等职业教育专业目录》中增加了"电子竞技运动与管理"专业，意味着国家和社会对于游戏产业的重视，游戏产业将有越来越多专业人才的加入。2018年雅加达亚运会加入6项电子体育项目，这是电竞项目首次进入亚运会赛场，其象征意义不言而喻，证明了主流社会对电竞运动态度的转变，也是对电子游戏产业态度的转变，电竞运动和普通网络游戏饱受舆论争议的时代已经过去。2018年11月结束的"2018英雄联盟全球总决赛"由我国代表夺冠，这一事件让中国电竞走到大众视野，也在国家层面上为电子游戏产业正名。

在当今中国对外文化贸易的发展过程中，推动传统文化产业与新兴文化产业走出国门是我国赢得国际文化竞争地位必须同时兼顾的"两翼"。相关数据表明，游戏产业成为我国文化"走出去"的主力军之一，中国版协游戏工委公布的《2017年游戏产业报告》中显示，2017年我国自主研发网络游戏海外销售收入达到82.8亿美元，同比增长 14.5%。虽然游戏出口总量在不断提升，但是我国主要通过低价走量的方式获得国际市场份额，产品同质化和缺乏精品已经成为我国游戏产品贸易亟需解决的问题。

（二）研究意义

国内外学者对于文化贸易的研究大多基于理论研究，尚未形成比较成熟的实证研究方法。现有的研究大多将本地市场效应与传统比较优势相结合来分析制造业、服务业，利用其研究文化贸易的少之又少。电子游戏作为文化产品的重要组成部分，随着近年来网络信息技术地飞速发展，电子游戏的发展速度远远超越其他文化产品，但是由于政策和人们观念的影响，对于电子游戏贸易的研究非常少，虽然近年来国家逐渐放开对游戏产业的政策，甚至还出台文件鼓励该产业的发展，但是这方面的研究进展非常缓慢。所以，本文会基于本地市场效应来分析我国电子游戏贸易，不仅丰富了文化贸易的研究，还充实了游戏产业贸易的研究，更是对国际贸易理论应用的扩展。

近 10 年来我国用户规模虽然在增加，但其增长率呈现出减弱的态势，说明我国游戏市场用户规模处于几乎饱和的状态，且国内市场垄断现象严重，所以游戏出海成为国内游戏厂商经营的新趋势。在"走出去"战略的带领下，游戏产业的海外销售额也在迅速增长，但是不难发现，虽然我国游戏出口贸易额增长速度很快，但是我国游戏产业产品同质化严重、缺乏精品等问题也亟需解决。观察美、日、韩等发达国家具有代表性的文化产品，不难发现，这些文化产品无一不是基于本国需求而不断创新和发展，然后再走向国际市场，故应在满足我国国内消费者多样化需求的基础上进行产业升级和产品结构优化，从而破除我国游戏出口的种种困境。所以研究游戏产品出口的本地市场效应对于促进我国国内游戏产业结构升级，在满足国内市场需求的同时优化产品出口结构，并对解决海外市场产品同质化、含金量不足的问题有重要的意义。

二、文献综述

（一）本地市场效应的提出与发展

Krugman[1]、Helpman[2]提出一个包括单一要素、两国、两部门的模型，一个部门生产同质产品、不存在运输成本，另一个部门生产异质产品、存在固定成本和不变的边际成本、运输成本为冰山成本，这个模型最终表明在存在规模报酬递增和交易成本的市场，当某个国家或地区产生相对较大的本地市场需求时，会使本国或本地区实现大规模生产，并出口来满足其他国或地区的需求，这一现象为本地市场效应（HME），用模型表达为：$\mu = (\lambda - \delta) / (1 - \lambda * \delta)$，$\mu$ 代表本国相对于外国生产的产

〔1〕 See Krugman P., "Scale Economies, Product Differentiation, and the Pattern of Trade", *The American Economic Review*, Vol. 70, No. 5, 1980：pp. 950-959.

〔2〕 See Helpman E., Krugman P., *Market Structure and Foreign Trade*, MIT Press, 1985.

品产量，δ 指贸易依存度，λ 指本国相对于外国的需求比例。当 λ = 1 时，μ = 1，即表示两国需求规模相似的情况下，两国生产规模相似；当 λ>1 时，μ>1，即在本国的相对需求大于外国的相对需求时，本国相对于外国生产该产品数量也增大了，由此出现本地市场效应。Davis and Weinstein[1] 对上式进行求导：$\frac{\partial \mu}{\partial \lambda}$ = （1-δ）／（1-λδ），当

λ≥1 时，$\frac{\partial \mu}{\partial \lambda}$>1，进而证明了存在本地市场效应。

后来的学者不断放宽 Krugman 严格的假设条件，在贸易成本、企业异质、多国框架、跨国公司等条件下对本地市场效应进行拓展。Davis Donakl[2] 认为贸易成本是影响本地市场效应是否存在的决定因素，即无论产品是异质还是同质，只要贸易成本一样，那就不会存在本地市场效应。Krugman 对此给予否定，他提出只要存在规模报酬的部门生产异质性产品，那即使贸易成本一样，也会产生本地市场效应。Melitz[3] 在垄断竞争模型中放松了企业同质的假设，在企业边际成本差异的条件下证明本地市场效应的存在性。Behrens[4] 在模型中加入多国框架，他认为第三国效应会影响出口国生产模式，因此本地市场效应不存在。Head 和 Mayer[5] 同样也指出，由于第三国效应的存在可能会使本地需求规模对生产的促进作用不大于1，即对出口规模没有积极作用，甚至会出现"本地市场阴影"。Zeng 和 Kikuchi[6] 放松同质产品不存在交易成本的假设，研究农产品贸易，最终发现本地市场效应仍然存在。

（二）本地市场效应实证研究

1. 国外相关实证研究综述

对于本地市场效应的实证检验起步比较晚，主要有两种方法，一种基于"超常需求"，考察需求增加是否会使产量更大比例地增加。另一种是采用引力模型进行实证分析，探讨出口贸易与市场规模的关系。最早的实证研究是 Davis and Weinstein[7] 构建了"超常需求"指标，首次对本地市场效应进行实证分析，主要研究 OECD 国家制造业贸

〔1〕 See Davis D. R.，Weinstein D. E.，"Does Economic Geography Matter for Intermational Specialisation?"，*NBER Working Paper*，No. 5706，1996.

〔2〕 See Davis Donald R.，"The Home Market，Trade，and Industrial Structure"，*The American Economic Review*，Vol. 88，No. 5，1998，pp. 1264-1276.

〔3〕 See Melitz M J.，"The Impact of Trade on Intra-industry Real Locations and Aggregate Industry Productivity"，*Econometrica*，Vol. 71，No. 6，2003，pp. 1695-1725.

〔4〕 See Behrens K.，Lamorgese A.，Ottaviano G. I. P.，Tabuchi T.，"Testing the 'Home Market Effects' ina Multi-Country World：A Theory- Based Approach"，*CEPR discussion paper* 4468，2004.

〔5〕 See Head K.，Mayer T.，"The Empirics of Agglomeration and Trade"，Handbook of Regional and Urban Economic Vol. 4，2004，pp. 2609-2669.

〔6〕 See Zeng D，Kikuchi T.，"Home Market Effect and the Aqricultura Sector"，2006，http：//www. rieb. ko-be-u. ac. jp/coe/seminar/pdf/Zeng. pdf.

〔7〕 See Davis D. R.，Weinstein，D. E.，"Does Economic Geography Matter for Intermational Specialisation?"，*NBER Working Paper*，No. 5706，1996.

易，但结果表明90%是由要素禀赋决定的，只有5%是由本地市场规模影响的。但是他们[1]采用同样的方法对日本制造业进行分析，此次证明到本地市场效应的存在。他们在原来对OECD国家研究模型中加入了贸易距离、经济体规模大小变量，把市场准入因素考虑到模型中，检验得到本地市场效应广泛存在于OECD国家[2]。关于引力模型这种方法，最开始是由Schumacher[3]、Schumacher和Siliverstovs[4]用来证明本地市场效应的存在性，他们分析了OECD国家25个制造业，最后得到有16个行业存在本地市场效应。

Hanson和Xiang[5]不满足于直接以需求对产出的影响来衡量本地市场效应，他们认为这二者产生的多重共线性会使双边贸易的本地市场效应弱化甚至消失，所以他们采用倍差引力模型，将贸易壁垒相似的国家分为两种：高运输成本和高规模经济、低运输成本和低规模经济，分别以这两国对同一第三国贸易的流量进行分析，最终发现，本地市场效应与运输成本关系紧密，高运输成本的国家HME的存在性决定于本国市场规模，中等运输成本的国家HME的存在性依赖于本国与贸易国的市场规模。Crozet和Trionfetti[6]运用引力模型对25个国家25个产业7年的贸易数据进行实证，结果发现，相比于市场规模居中的国家，规模特别大以及特别小的国家的本地市场效应更加显著。Claver[7]在Davis and Weinstein模型的基础上，利用相对值而非水平值来定义各变量，他认为这样更符合本地市场效应的含义，更具有概念上的优势，据此分析了西班牙1965年~1995年间17各地区9个制造业部门的数据，在其中4个部门发现本地市场效应的存在。Nguyen利用28个国家125个ISIC4位数制造业部门的贸易数据，发现高国内固定成本、低固定出口成本以及生产率离散程度高的行业比其他行业的本地市场效应大。Serrano和Pinilla[8]将农产品分为同质产品、按参考价格计算的中间产品、异质产品三类，采用1963年~2010年间40个国家的农产品双边贸易数据，运用引力模型方

〔1〕 See Davis D. R., Weinstein D. E., "Economic Geography and Regional Production Structure: An Empirica Investigation", *European Economic Review*, Vol. 43, 1999, pp. 379-407.

〔2〕 See Davis D. R., Weinstein D. E., "Market Access, Economic Geography and Comparative Advantage: An Empirical Test", *Journal of International Economics*, Vol. 59, No. 1, 2003, pp. 1-23.

〔3〕 See Schumacher D., "Home Market and Traditional Effects on Comparative Advantage in a Gravity Approach", *DIW Discussion Paper*, No. 344, 2003.

〔4〕 See Schumacher D., B. Siliverstovs, "Home- Market and Factor-Endowmeat Effects in a Gravity Approach", *Review of WorldEconomics*, Vol. 142, No. 2, 2006, pp. 330-353.

〔5〕 See Hanson G, X Chong, "The Home Market Effect and Bilateral Trade Pattern", *American Economic Review*, Vol. 94, No. 4, 2004, pp. 1108-1129.

〔6〕 See Crozet M, Trionfetti F., "Trade Costs and the Home Market Effect", *Journal of International Economics*, Vol. 76, No. 2, 2008, pp. 309-321.

〔7〕 See Claver N D, Castejón C F, Gracia F S., "The Home Market Effect in the Spanish Industry, 1965-1995", *The Annals of Regional Science*, Vol. 46, No. 2, 2011, pp. 379-396.

〔8〕 See Serrano R, Pinilla V., "Changes in the Structure of World Trade in the Agri. Food Industry: the Impact of the Home Market Effect and Regional Liberalization From Alongterm Perspective, 1963-2010", *Agribusiness*, Vol. 30, No. 2, 2014, pp. 165-183.

法分析了三种产品的本地市场效应，结果表明本地市场效应可以很好地解释异质产品和参考价格产品产业规模的增长，而在同质产品模型中则发现逆本地市场效应。

2. 国内相关实证研究综述

我国关于本地市场效应的研究起步比较晚，大约是从 2006 年开始的，研究的主要行业集中于制造业和服务业，主要研究方法也是基于国外研究成果：一种是利用 Davis and Weinstein 的方法分析市场规模对产业产出的影响。张帆和潘佐红[1]运用"超常需求"模型，对我国 31 个省的产业产出数据和区域贸易额进行分析，证明我国产业产出和区域贸易主要由本地市场效应决定而非要素禀赋。颜银根[2]基于我国 42 个行业的数据，通过对超额需求和总产出关系的研究发现，只有 11 个行业存在本地市场效应，我国出口仍然基于传统要素禀赋优势。范剑勇和谢强强[3]对中国 17 个制造业行业进行检验，分析包含有市场准入因素的超常需求和地区资源禀赋差异对产出的影响，证实了我国产业集聚的另一种模式——本地市场效应。冯伟和徐康宁[4]分析了我国 2004 年~2009 年间 29 个省和自治区 22 个产业的数据，结果表明我国的本地市场效应只存在于我国中东部地区以及一些资本密集型和技术密集型行业。郭彦卿[5]没有采纳范剑勇和谢强强使用的地理距离对市场准入进行衡量，他认为固定效应本身就包含了地区优势，且他还在模型中加入地方政府管理因素，对我国 31 个省和自治区 2008 年~2012 年间高技术产业面板数据进行计量，发现我国高技术产业本地市场效应不显著。另一种方法利用引力模型分析市场规模对贸易的影响，检验我国出口是否具有本地市场效应。钱学锋和黄云湖[6]利用我国与 14 个主要贸易伙伴国的贸易数据，构造了拓展的引力模型来分析我国制造业出口的本地市场效应，并在模型中加入行业异质性和各行业市场准入性，结果表明在 18 个行业中有 12 个行业存在本地市场效应，行业异质性对本地市场效应没有显著影响，但不同行业对外部市场准入性的依赖程度差异很大。毛艳华和李敬子[7]引入服务企业异质性，在产业垂直关联下构建了融合市场规模、要素禀赋、需求结构、贸易自由化程度和技术差异的引力模型，分析我国与 41 个国家的贸易数据，在整体服务业、按功能分类服务业、分部门服务业三个层面上证明了本地市场

〔1〕 参见张帆、潘佐红："本土市场效应及其对中国省间生产和贸易的影响"，载《经济学（季刊）》2006 年第 1 期。

〔2〕 参见颜银根："中国全行业本地市场效应实证研究——从新经济地理角度诠释扩大内需"，载《上海财经大学学报》2010 年第 3 期。

〔3〕 参见范剑勇、谢强强："地区间产业分布的本地市场效应及其对区域协调发展的启示"，载《经济研究》2010 年第 4 期。

〔4〕 参见冯伟、徐康宁："产业发展中的本地市场效应——基于我国 2004—2009 年面板数据的实证"，载《经济评论》2012 年第 2 期。

〔5〕 参见郭彦卿："城镇层级体系优化与高技术产业本地市场效应研究"，载《经济问题探索》2016 年第 5 期。

〔6〕 参见钱学锋、黄云湖："中国制造业本地市场效应再估计：基于多国模型框架的分析"，载《世界经济》2013 年第 6 期。

〔7〕 参见毛艳华、李敬子："中国服务业出口的本地市场效应研究"，载《经济研究》2015 年第 8 期。

效应的存在性。唐宜红和姚曦[1]则用引力模型分时期检验我国制成品行业的本地市场效应，发现我国资本和技术密集型制成品出口贸易从 1995 年起发生了本地市场效应从无到有、从弱到强的转变，而对于劳动密集型和资源密集型产品，本地市场效应的变动则比较微末，从而也解释了我国贸易结构已逐渐优化。刘志中[2]、刘恩初和李文秀[3]、阚大学和吕连菊[4]都分析了中美服务业贸易数据，发现本地市场效应促进了我国服务贸易的出口，同时劳动要素禀赋仍然是促进我国服务贸易的一大因素，但是这一积极影响在逐渐削弱。马凌远[5]、涂远芬[6]则基于我国与主要贸易伙伴国 2000 年~2011 年间的双边服务贸易面板数据，两者得出的结论不一致，前者发现本地市场效应促进我国服务贸易整体的发展，后者则得出本地市场效应对我国服务贸易影响不显著，经过仔细对比这两位学者的研究，前者分析的贸易伙伴国是 27 个服务贸易主要出口国，采用的实证检验方法是固定效应模型，后者分析的是美国、日本和欧盟所有国家，采用的实证检验方法是面板数据协整的 Pedroni 检验，所以在实证过程中样本选取和方法选择在很大程度上会影响最后结果。

关于制造业、服务业等传统产业的本地市场效应已逐渐成熟，相比传统产业，文化产品由于其自身的独特性，例如知识密集型、创意性、共享性，以及其具有的经济外部性和文化折扣现象的存在，使得对其的研究不能直接套用相关实证模型，故曲如晓和杨修[7]在传统引力模型的基础上加入信息化水平、文化资源禀赋等与文化相关的控制变量，运用引力模型分析我国与 8 个主要文化贸易伙伴国在 2000 年~2010 年间的贸易数据，具体分析我国文化贸易是由本地市场效应影响还是由要素禀赋优势决定。周宏燕[8]则将文化产品异质性变量纳入实证模型中，用人力资本、知识产权保护力度、科技应用水平等指标来衡量此特性，基于文化贸易动态面板数据衡量我国文化产品是否具有本地市场效应，并进一步分析功能型和内容型文化产品的本地市场效应异质性表现。

（三）对已有文献的简单评价

现有研究已经在理论上对本地市场效应做出了很全面的描述，在各个层面上逐渐

---

〔1〕 参见唐宜红、姚曦："本地市场效应与中国出口贸易结构转变——基于模型结构突变的实证检验"，载《世界经济研究》2015 年第 7 期。

〔2〕 参见刘志中："中美服务贸易本地市场效应实证研究"，载《经济问题探索》2015 年第 7 期。

〔3〕 参见刘恩初、李文秀："中美生产服务贸易的本地市场效应对比研究——基于投入产出面板数据的引力模型实证分析"，载《中国软科学》2016 年第 4 期。

〔4〕 参见阚大学、吕连菊："中美服务贸易的本地市场效应研究"，载《国际商务研究》2016 年第 4 期。

〔5〕 参见马凌远："中国双边服务贸易的本地市场效应研究"，载《经济经纬》2015 年第 5 期。

〔6〕 参见涂远芬："中国服务贸易的本地市场效应研究——基于面板协整模型的分析"，载《经济问题探索》2015 年第 5 期。

〔7〕 参见曲如晓、杨修："本地市场效应、要素禀赋优势与中国文化产品贸易"，载《经济与管理研究》2015 年第 5 期。

〔8〕 参见周宏燕："本地市场效应与中国文化产品出口贸易——基于动态面板数据模型的研究"，载《国际贸易问题》2017 年第 10 期。

放开 Krugman 严格的假设前提下证明本地市场效应的存在性与否，但是由于文化产业具有其他传统产业不具备的异质性特征，文化贸易是否存在本地市场效应还需在理论层面做出论证。对于本地市场效应的实证检验方法也逐渐成熟，但现有研究主要集中于对制造业和服务业本地市场效应的研究，对于文化产业本地市场效应存在性的研究近两年才开始出现，但是研究成果较少，对于像电子游戏这样的新兴文化经济体的本地市场效应研究则更是少之又少。

由于学术能力的不足，本文在现有理论的基础上，以创意文化产品中电子游戏的本地市场效应为研究重点，仅在经验研究上对本地市场效应做出拓展，在丰富现有研究成果的基础上还可以为解决实际问题提供建议。

三、现状分析

（一）我国电子游戏产业概况

电子游戏（Video Games）是指包括所有凭借电子设备平台而运行的交互游戏，根据媒介的不同分为：主机游戏（电视游戏）、掌机游戏、街机游戏、电脑游戏、移动游戏。信息通信技术从 20 世纪 90 年代开始迅速发展，形成了全球信息基础设施，并催生了所谓的信息社会，协作和网络正引领着新的生活方式。电子游戏在 20 世纪末应运而生，是伴随着科技进步而诞生的文化活动，在创意经济时代，它扮演者两个互补的角色：一种是创意文化产品；另一种是连接其他文化产品和文化服务的推动者，如电影、动漫、音乐、书籍以及广告和建筑服务，同时也带动了相关产业的发展，如电信宽带基础设施、IT 制造业、网吧、玩具文具、旅游等产业和衍生品。本文研究的电子游戏是指电子游戏软件，但是由于统计数据的匮乏，电子游戏贸易数据只在贸发会议数据库中有专门一栏，此数据库中的 Video Games 还包括一些电子游戏硬件等产品。

1. 我国游戏产业销售收入

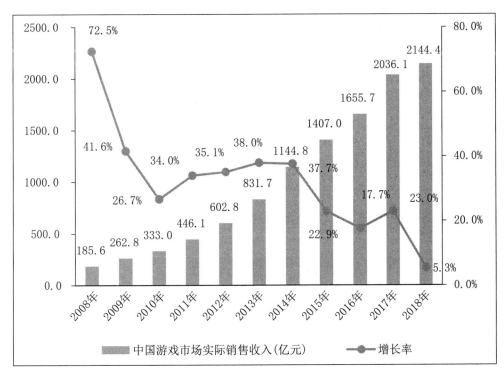

数据来源：中国音数协游戏工委（GPC）＆伽马数据（CNG）＆国际数据公司（IDC）

图1　中国游戏市场销售收入

从图1可以发现，11年来我国游戏产业市场规模不断扩大，销售收入不断增加，到2017年达到2036.1亿元，增长率回升到23%，但是2018年中国游戏市场规模为2144.4亿元，增长率骤降到5.3%，明显发觉我国游戏产业增长缓慢，且从2008年到2018年11年间，游戏市场销售收入大致呈现出下降的趋势，这主要是由于我国游戏市场开始从高速增长转为存量发展，但是存在产品同质化严重的问题，产品吸引用户付费的方式非常相似，用户不愿意在相似产品上付费。全球范围内中国游戏用户成本不高，但是投入回报率较低。

2. 我国游戏用户规模

从图2不难发现，11年来我国用户规模虽然在增加，但其增长率大体呈现出减弱的态势，说明我国游戏市场用户规模处于几乎饱和的状态，我国游戏市场由增量向存量发展，新增用户逐渐减少，有效用户转化难度越来越大，进而营销成本越来越高，在这样的市场环境中，通过提升产品创新能力、加大研发投入、存量运营等方式增强产品自身的竞争力，盘活用户，从而提升产品效益。同时，发展海外市场不但可以在短期内解决我国游戏市场已经趋于饱和的困境，长期也可在与国外市场交流过程中不断学习，优化产品结构，在游戏产业全球化的同时增强自身产品竞争力，同时还可以借力传播中国文化，把中国元素带到世界各地，增强我国的世界文化影响力，也可为我国消费者提供更加优质的娱乐消费体验。

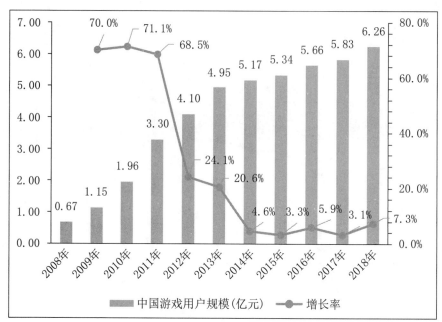

数据来源：中国音数协游戏工委（GPC）＆伽马数据（CNG）＆国际数据公司（IDC）

图2　中国游戏市场用户规模

3. 我国电子游戏企业概况

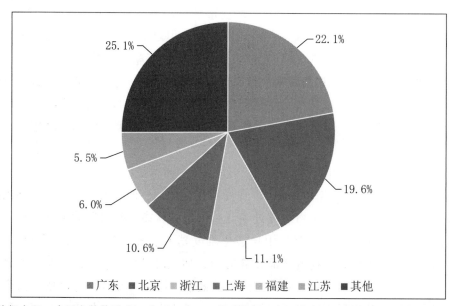

数据来源：中国音数协游戏工委（GPC）＆伽马数据（CNG）＆国际数据公司（IDC）

图3　中国上市游戏企业地域分布

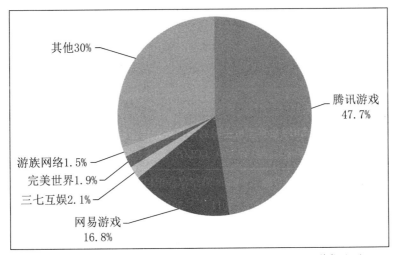

数据来源：中国音数协游戏工委（GPC）& 伽马数据（CNG）& 国际数据公司（IDC）

图 4　中国游戏企业市场份额

截至 2018 年年末，中国上市游戏企业数量达 199 家，有将近 75% 的游戏企业集中在广东、北京、浙江、上海、福建、江苏，呈现出很明显的区域集聚。游戏市场出现产能过剩，供过于求等现象。但是市场集中度却很高，腾讯网易两家公司 2018 年游戏营业收入占游戏市场总体规模的 64.5%，垄断状况明显。由于国内游戏市场进入红海阶段，导致国内游戏市场拥挤不堪，且头部资源这块"大蛋糕"已经被腾讯和网易等大公司瓜分殆尽，因此游戏出海成为国内游戏厂商的新趋势，拓展海外市场成为我国企业寻求增量市场的重要战略，游戏产业在全球市场发展空间很大，加大对外开放力度给我国游戏产业带来新的发展机遇。

（二）我国电子游戏贸易现状

1. 总体贸易规模

从图 5 可以看出，我国电子游戏出口贸易额整体呈现出逐年增加的趋势，尤其是进入"十一五"时期我国正式提出文化发展规划后，加大了我国文化"走出去"步伐，电子游戏出口额增速很快，从 2002 年的 22.91 亿美元到 2015 年的 90.03 亿美元，总体增长了 293%。受到 2008 年经济危机的影响，2009 年出口骤然减少，但是 2010 年有所回升。2013 年文化部、新广总局对我国手游政策进行调整，加大力度整顿行业发展，众多厂商受到波及，在游戏审批方面，加入事中巡查和事后核查与处罚，审批更加严格谨慎，听之任之的自由发展阶段已经过去，这一政策可能影响到我国游戏产业进出口，2013 年进出口规模都有所下降。除个别年份外，我国游戏出口长期保持两位数的增长速度，总体来看平均每年增长利率达到 14%。从图 5 观察我国电子游戏进口状况可以发现，进口增长率处于巨大的波动状态，但是总体进口规模不大，2002 年～2015 年间一直没有突破 5 亿美元。

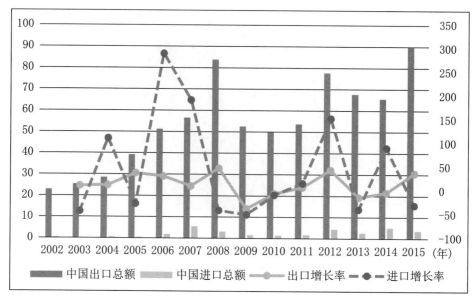

数据来源：UNCTAD

图5　2002年~2015年我国电子游戏进出口额（单位：亿美元）

从图6可以看出，我国电子游戏进出口发展极度不平衡，始终处于顺差，而且顺差额度大体呈现出逐年增加的趋势，2002年顺差额为22.46亿美元，到2015年增长到86.42亿美元。这说明我国电子游戏贸易虽然发展较快，但是贸易结构不平衡，游戏出口在我国贸易中占有绝对份额。

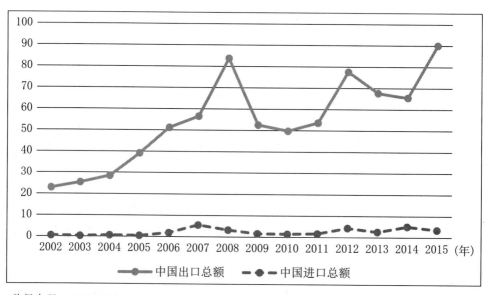

数据来源：UNCTAD

图6　2002年~2015年我国电子游戏进出口额（单位：亿美元）

2. 出口市场总体分布情况

从我国电子游戏出口市场地区分布情况来看，出口份额占据比较大的地区主要是以美国为首的发达国家，我国香港特别行政区也占据了较大份额。美国是我国游戏出口第一大市场，除受到 2008 年经济危机影响出口额有所下降以外，整体呈现出稳定增长的态势。除美国外，向日本、英国、德国、韩国等发达国家的出口也整体呈现出稳定增长的状态。向加拿大的出口在 2014 年以前一直没有超过 1 亿美元，但是在 2015 年突然增大到 4.89 亿美元。除此外，对意大利、新加坡、法国、澳大利亚、俄罗斯、墨西哥、西班牙、泰国、越南等国的出口规模虽然不是很大，但也大致保持逐年增长的趋势。这些表明了我国电子游戏逐步走向全球，实现多元化发展。

从图 7 中不难发现，发达国家一直是我国电子游戏贸易出口的主力军，除 2009 年和 2014 年有骤然下降外，其余年份大致处于增长状态，所占份额一直比较大，这主要由于电子游戏向美国的出口额一直大约占我国电子游戏总出口额的 40% 左右，所以很大程度上带动了发达国家的出口额；反观对发展中国家的出口，规模较小且波动较大，所以研发出适合一般发展中国家经济水平的产品，大力推进向发展中国家的出口，是我国游戏产品增强国际竞争力和国际影响力的重要举措。

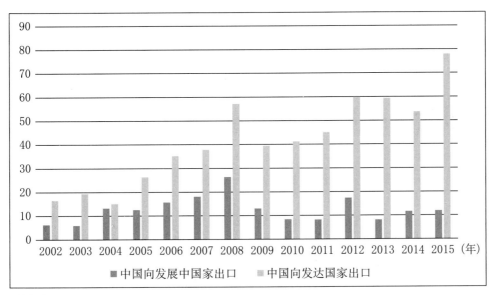

数据来源：UNCTAD

图 7　2002 年~2015 年我国电子游戏出口国家发展水平（单位：亿美元）

3. 出口产品结构

从联合国贸发会议推出的《2010 年创意经济报告》中可以发现，此数据库统计的 Video Game 包括游戏软件和游戏硬件；游戏软件出口数据来自《2017 年游戏产业报告》中关于我国研发的网络游戏海外市场销售规模。从图 8 可以发现，游戏出口中游戏软件出口比重逐年增长，2008 年软件出口占比只有 0.83%，电子游戏出口大部分是游戏硬件，2015 年软件占比增长到 58.9%，知识密集型和研发密集型出口产品增多，但是总体规模仍旧较小，所以应加大对游戏研发的资金支持力度和人才培养力度，进行产品创新，推动游戏软件出口规模增长。

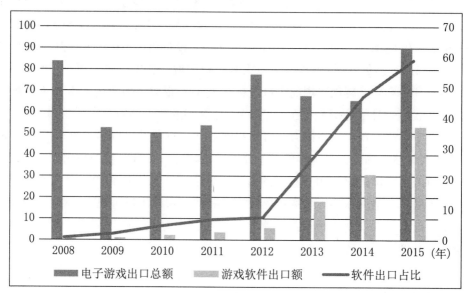

数据来源：UNCTAD，中国音数协游戏工委（GPC）＆伽马数据（CNG）＆国际数据公司（IDC）

图 8　2008 年~2015 年我国电子游戏出口产品结构分布（单位：亿美元）

四、实证分析

（一）模型和变量说明

Tinbergen 和 Poyhonen 传统的引力模型为 $X_{ij} = \dfrac{\alpha g_i g_j}{d_{ij}}$，$X_{ij}$ 表示 i 国到 j 国的出口额，g_i 是 i 国的 GDP，g_j 是 j 国的 GDP，d_{ij} 是 i 国到 j 国的地理距离。学者们一般求对数处理：$\ln X_{ij} = \alpha + \beta_1 \ln g_i + \beta_2 \ln g_j + \beta_3 \ln d_{ij} + \mu$。

基于本文构建的实证模型是在以引力模型为基础，又综合电子游戏贸易的情况，改进引力模型为下式：

$$\ln nxp_{ijt} = \beta_0 + \beta_1 \ln rmg_{ijt} + \beta_2 \ln cd_{ij} + \beta_3 \ln fd_{ij} + \beta_4 \ln rpop_{ijt} + \beta_5 \ln rtec_{ijt} + \beta_6 \ln rsc_{ijt} + \mu$$

变量说明及数据来源：$\ln nxp_{ijt}$ 为被解释变量，表示 t 年 i 国向 j 国的净出口额，贸易数据来源于 UNCTAD 数据库，本文选取了 20 个电子游戏主要贸易国家和地区：我国香港特别行政区、日本、韩国、新加坡、英国、法国、德国、加拿大、美国、澳大利亚、巴西、印度、印度尼西亚、意大利、马来西亚、墨西哥、菲律宾、俄罗斯、西班牙、越南，并利用我国与主要贸易国 2002 年~2015 年间的面板数据，对本地市场效应作初步实证检验。以往的学者一般用相对出口额或者出口额来描述这一变量，但是本文基于取相对值分母不应太小的原则，以及本地市场效应对"净出口国"的表述，以及考虑到我国电子游戏进口规模波动幅度较大和有些国家统计数据严重缺失等问题，故采用净出口额来表示；

rmg_{ijt} 表示相对市场规模，在本文中代表本地市场效应，由于电子游戏的双重性质，其在自身发展的同时可以与其他产业跨界融合，形成收益共享局面，因此用两国国内生产总值比率衡量为核心解释变量，数据来源于世界银行数据库，以 2010 年为基期核算；

fd_{ij} 来表示固定贸易成本，固定贸易成本是由于政府行政干预、贸易体制不健全等因素造成的，本文关于固定贸易成本的测算主要参考曲如晓的测度方式，用贸易自由度相对值 fd_{ijt} 对固定贸易成本进行度量，贸易自由度越高固定贸易成本越低，具体指标来源于华盛顿头号智库传统基金会 The heritage foundation；由于电子游戏属于虚拟产品，互联网在全世界地普及为电子游戏贸易形成了免费的传输通道，极大地较少了产品运输成本，因此在贸易过程中用地理距离表示贸易成本没有代表性，故本文单独用文化距离 cd_{ij} 表示可变贸易成本，cd_{ij} 表示从 i 国到 j 国的文化距离，文化距离变量是影响文化贸易的重要因素，主要是指两国在历史、信仰、风俗等多种社会因素导致的心理距离，关于文化距离的度量主要是依据霍夫斯泰德教授的文化六维理论，关于文化维度评分值可以在霍夫斯泰德教授的个人网站中找到[1]，具体文化距离计算方式主要参考 Kogut 和 Singh 对于文化距离的测算，见下式：

$$cd_{ij}，\sum_{m=1}^{6}\frac{\frac{(s_{im}-s_{jm})^2}{v_m}}{6}，s_{im} 和 s_{jm}$$ 表示中国和贸易国在 m 文化维度上的评分，v_m 表示在 m 维度上各国评分值的方差；

$\ln rpop_{ijt}$ 表示相对人口规模，一般认为人口规模越大，市场需求就越大，数据来源于世界银行数据库；$\ln rsc_{ijt}$ 表示相对利用科技水平，用百人使用宽带和蜂窝移动数来表示，数据来源于国际电信联盟；$\ln rtec_{ijt}$ 表示相对技术差异，用两国研发投入占 GDP 比例相对水平来表示，数据来源于世界银行数据库。

(二) 实证分析检验

在进行实证研究前，需要对变量是否具有多重共线性进行识别，本文主要运用相关系数识别法和方差膨胀因子识别法，如表 1 和表 2。一般而言，若变量间相关系数大于 0.8 则认为有较严重的多重共线性存在，本文所有变量的相关系数均在 0.75 以下；方差膨胀因子越接近 1，认为自变量间多重共线性越弱，当 VIF 值大于等于 10 时，认为该自变量与其余自变量存在严重多重共线性，检测得到所有变量方差膨胀因子均显

---

〔1〕 https://geerthofstede.com. 最后访问日期：2018 年 11 月 11 日。

著小于 10，所以认为多重共线性不会对本文实证研究产生显著影响。

表 1　各变量方差膨胀因子

Variable	VIF
lnrpop	4.07
lnrmg	3.59
lnrsc	3.54
lnrtec	3.16
lncd	2.43
lnfd	3.10

表 2　各变量相关系数矩阵

	lnnx	lnrmg	lncd	lnfd	lnrpop	lnrtec	lnrsc
lnnx	1.0000						
lnrmg	0.2179	1.0000					
lncd	0.1853	−0.3774	1.0000				
lnrpop	0.1169	0.7459	−0.0916	0.5400	1.0000		
lnrtec	−0.4339	−0.1452	−0.5757	−0.4928	−0.2297	1.0000	
lnrsc	−0.4368	−0.2561	−0.4467	−0.5514	−0.5534	0.7133	1.0000

为了防止出现伪回归或伪相关，我们对面板数据进行平稳性检验，本文采用单位根检验来监测数据的平稳性，原假设为存在单位根，即序列非平稳。由于本文采用的是面板数据，因此一般的单位根检验并不适用，所以采用 LLC 检验方法来验证数据的平稳性，结果如下：

表 3　相关时序变量的平稳性检验

Variable	Statistic	P−Value	Stationary
Lnnx	−4.54401	0.0000	平稳
lnrmg	−7.99178	0.0000	平稳
Lnrpop	−1.67443	0.0470	平稳
Lncd	−6.87672	0.0000	平稳
Lnfd	−5.21342	0.0000	平稳
lnrtec	−2.15110	0.0157	平稳
lnrsc	−5.79699	0.0000	平稳

根据检验结果可知，各变量 P 值均小于 5% 的显著性水平，拒绝原假设，不存在单位根，变量均是平稳的。

Random-effects GLS regression	Number of ods	=	280
Group variable：country	Number of groups	=	20
R-sp： within = 0.1939	Obs per group：min	=	14
between = 0.0827	avg	=	14.0
overall = 0.1057	max	=	14
	Wald chi2（6）	=	59.59
corr（u_i, x）= 0（assumed）	Prob>chi2	=	0.0000

表4 回归结果

lnnx	Coef.	Std. Err.	z	p>∣z∣	［90% Conf.	Interval］
lnrmg	.137166	.0287287	4.77	0.000	.0808588	.1934732
lncd	1.62534	.5072844	3.20	0.001	.6310806	2.619599
lnfd	.3012026	.1267754	2.38	0.018	.0527274	.5496778
lnrpop	−.9865588	.3927631	−2.51	0.012	−1.75636	−.2167573
lnrtec	1.354364	.3234465	4.19	0.000	.7204205	1.988308
lnrsc	−.5371885	.1421244	−3.78	0.000	−.8157472	−.2586299
_cons	−.9062924	1.193726	−0.76	0.448	−3.245953	1.433368
sigma_u	1.3976098					
sigma_e	1.0788718					
rho	.6266087	（fraction of variance due to u_i）				

本地市场规模相对优势（rmg）：根据回归结果可以看出，回归系数约为 0.14，回归结果非常显著，说明本地市场规模的相对增长对我国电子游戏出口具有正向促进作用，验证了本地市场效应的存在性，说明我国电子游戏产业规模经济的存在促使成本降低、产品种类增多、质量提升，所有这些都会推动我国电子游戏出口，但是从系数大小来看此推动作用还没有得到很好的展现，可能是由于我国电子游戏虽然总体规模较大，但是产品同质化严重、缺乏精品等问题没有使本地市场效应得到很好的发挥。

贸易成本：用自由贸易度相对值表示的固定贸易成本（fd）系数为正，说明我国的贸易开放程度越大，贸易往来越自由，政府对贸易制约越少，我国电子游戏出口规模越大；可变贸易成本（cd）的回归系数均为正，证明文化差异对我国电子游戏出口具有正向作用。王洪涛认为文化差异对向发展中国家的出口有抑制作用，而对向发达国家的出口有促进作用。反观我国电子游戏出口现状，向发达国家出口占据了总电子游戏出口规模的 87%，这正好证实了前人的研究成果。

人口规模（rpop）：回归结果约为-1，且 P 值为 0.012，回归结果显著。一般来说，一国的人口规模对贸易有正向推动作用，而本文研究的是相对人口规模对贸易的影响，说明在电子游戏贸易中，进口国人口规模对贸易的促进作用大于出口国人口规模对贸易的作用。

技术（rtec）：从表4可以看到两国相对技术发展水平对我国电子游戏出口具有显著正向促进作用，我国研发力度增强有助于技术进步、提高创新效率，进而增强产品异质性，推动游戏产品出口。

科技应用水平（rsc）：系数为负且非常显著，说明我国科技业用水平增强不但没有扩张反而缩减了电子游戏的出口，这可能是由于科技应用水平地提高便利了游戏的复制与传播，但是同时也使得盗版、侵权行为更容易实施，从而影响到电子游戏出口。

五、结论与启示

由于本地市场效应的存在性，本国需求规模地上涨有助于充分发挥规模经济效应，所以应重视对国内游戏市场需求的开发与培育，在量的增长上满足群众不断增长的高质量多样化需求，使本地市场效应成为推动中国游戏产品贸易发展的新优势。通过提高居民收入水平、在宏观政策上提升游戏产业的战略地位，加大鼓励内需增长的政策力度，培养健康的网络游戏环境，提升游戏的人气和正面形象，为促进高质量消费和培养游戏方面的专业人才塑造良好的环境。

我国贸易自由化程度增强有利于电子游戏出口，所以我国应积极推动贸易自由化进程，积极与其他国家进行贸易自由化谈判，加快签订自由贸易协定，降低出口成本，同时借助"一带一路"倡议，要逐步构筑起立足周边、辐射"一带一路"倡议、面向全球的自由贸易区网络，这有助于我国打造全方位对外开放的新格局，简化国际贸易程序、降低交易成本，为中国游戏企业走出去提供更多机会，为游戏出口创造优越的环境。

根据文化差异的回归结果可知，要提供满足民众对多样化文化体验需求的产品，不断增强产品的差异化和创意内涵，提高游戏产品科技水平和文化含量，实现从模仿到创新的改变。高素质的人才是技术创新和产品研发的基础，政府和社会要重视培养科研人才和知识产权专业人才，为游戏产业提供强大的人才支持力度；同时企业也要实行激励机制，鼓励研发人员进行产品创新和研发。另一方面，游戏企业实行差异化战略可以在满足消费者多样化消费需求的同时优化本地产品结构，进一步优化出口结构，最终赢得更大的市场份额。这里的差异化包括产品差异化、市场细分差异化、运营模式差异化，如在产品种类、操作方式进行创新；对游戏用户进行多样化市场细分，研发出适合各种用户群的产品，拥有自己的目标市场就拥有了市场份额；跨行业跨领域进行合作，结合双方优势和特点，实现双赢。

实证结果表明我国加大研发投入对电子游戏出口有正向影响，从《2017年游戏产业研发竞争力报告》中可以看到，我国在游戏产业上的研发投入与发达国家相比还有很大差距，且研发投入有七成由大企业获得，所以政府应加大对游戏企业研发的资金扶持力度，特别是对中小游戏企业的支持。政府应建立合理的考察指标体系，对于发展前景较好的项目进行大力扶持，健全资金扶持过程中的考察监督机制，使得政府的资金支持用到实处，发挥最大的价值；银行等金融机构也可以将贷款或者投资更多投向研发项目，当然企业也应该公开自身财务经营状况，取得投资者的信任与支持，获得各方面资金来源以进行产品研发。

积极推动贸易自由化进程、增强人力资本培养、加大研发投入力度、加快产品创新等措施，为进一步推动文化产品出口、优化文化产品出口结构提供了可能，力争获取扩大内需、推动游戏产品出口和提升文化产业贸易竞争力的协同效果，并实现获取贸易利益与增强文化影响力的最终目的。

学术动态

- "2019 国际经贸治理论坛"观点综述

"2019 国际经贸治理论坛" 观点综述

2019 年 10 月 24 日，"2019 国际经贸治理论坛"在上海对外经贸大学古北校区隆重举办。本次论坛由世界贸易组织、商务部国际贸易经济合作研究院和上海对外经贸大学共同主办，上海市外国投资促进中心、上海市商务发展研究中心、上海市电子商务促进中心（联合国贸易网络上海中心）与上海对外经贸大学贸易谈判学院、世界贸易组织讲席（中国）研究院、上海高校智库国际经贸治理与中国改革开放联合研究中心共同承办。本次论坛得到了世贸组织讲席计划的支持。

在论坛开幕仪式上，汪荣明校长向所有与会嘉宾表示热烈的欢迎和诚挚的感谢，并向在座嘉宾介绍了上海对外经贸大学和贸易谈判学院以及世界贸易组织讲席（中国）研究院的发展历程。他指出，上海对外经贸大学自 1960 年创立以来，始终坚持培养高层次、国际化的国际经贸应用型人才，始终坚持科研服务国家和上海经济社会发展的方向，为我国经贸事业的发展和"中国复关""中国入世""上海自贸区""一带一路"倡议等国家对外开放战略的实施提供了重要的人才支持和智力支撑，并由此成为 WTO 首批、中国唯一的世贸组织讲席院校。2013 年，学校成立国际经贸治理与中国改革开放联合研究中心，并入选上海首批高校智库。2017 年学校成立贸易谈判学院和世贸组织讲席（中国）研究院，世贸组织易小准副总干事莅临揭牌仪式并揭牌。这是我国首家专门培养贸易谈判高端人才的学术机构。2019 年 4 月，世界贸易组织对全球 19 个 WTO 讲席计划进行了总体绩效评估，并于 9 月底发布了评估报告。学校在此次评估中取得了优异成绩，获得 WTO 的高度评价。汪校长同时提到，在长期办学和科学研究活动中，上海对外经贸大学始终对国际经贸领域最前沿的重大问题保持密切关注，学校将继续秉承治学报国的优良传统，一如既往地关注国际经贸领域的重大问题和前沿动态。希望本届论坛能够为大家深入交流研讨搭建良好的平台，并以此为契机，为完善国际经贸治理体系提供专业的解决方案，并预祝此次会议取得圆满成功。

随后，世贸组织易小准副总干事围绕服务贸易发表主旨演讲。他表示，国际贸易当中服务贸易连接国与国、个人与个人之间的生活，与我们生活息息相关。服务在国际贸易当中扮演着越来越重要的角色。由于物流、保险、沟通等方面服务，我们才能实现全球价值链联动互通。除此之外，服务贸易在全球贸易决策制定中也是有一定微妙的影响，这是经济活动当中非常实际的一面。与此同时，它也呈现了服务领域一些竞争，正是这些竞争让我们提升所有研发水平，进一步优化国际贸易进出口业务。易小准副总干事还分享了 2019 世界贸易报告的研究成果。他首先分享了几组服务贸易关键数据，数据指出服务贸易现在是最活跃、最有活力的贸易领域，自 2005 年以来，较之货物贸易的发展速度，服务贸易平均每年增长速度快 5.4%。报告同时指出，到 2040年，服务贸易在整个国际贸易当中的比重会增长 50%。但是服务贸易还需要政策辅助支持，包括如何在国际层面制定贸易框架体系，这是至关重要的，世界贸易组织在这当中扮演着重要的角色。中国作为 WTO 成员方，积极参与到服务贸易各领域的项目发展当中，相信随着 WTO 成员方的支持和加入，服务贸易框架体系会越来越透明，越来越有积极的发展。最后，易总干事总结说，毋庸置疑，服务贸易对于世界、对于未来、对于 WTO 整体发展都是至关重要的。

中国世界贸易组织研究会崇泉会长指出，2019 年是新中国成立 70 周年，70 年来新中国人民白手起家、自力更生、艰苦奋斗，并在与世界的联系互动中获得了发展。在美国波司登咨询公司发布的 2018 年全球民生福祉报告显示，过去 10 年中国排名上升 25 位，在其调查的 152 个国家中进步最快。过去 40 余年，中国选择主动融入国际社会，也是在主动融入国际社会以后才取得了巨大的发展。结论就是："世界需要中国，中国也需要世界。"随后，崇泉会长分析了中美贸易战对于世界经济的影响。他认为，在当下，全球经贸治理体系需要变革已是共识，应该坚持共商、共建、共享原则，各国应当携起手来坚定支持多边主义，旗帜鲜明地反对单边主义、保护主义，捍卫世界贸易组织的核心地位和基本原则，维护自由、开放、非歧视的多边贸易体制，维护发展中国家发展利益和政策空间，推动全球贸易自由化和便利化，完善贸易争端解决机制，使全球贸易更加规范、便利、开放，建设包容和开放的世界经济。中国也将积极发挥自身作用，加强与各方的协调，推动全球经贸治理体系变革，更好地体现和平发展、公平正义、民主、自由等人类共同价值，更好地反映国际格局变化，更加平衡整个国际社会的意愿。

商务部国际贸易经济合作研究院曲维玺副院长指出，当前全球经济正处于同步放缓的状态之中。从目前的形势来看，国际经贸秩序处于单边主义的威胁之中，需要 WTO 进行改革来遏制单边主义，反对滥用国家安全例外，因为全球经济需要稳定的动力和良好的规则环境。此外，曲维玺副院长也指出，服务贸易已成为国际经贸中最具活力的组成部分，其作用在未来几十年中还将持续增强，也让我们看到全球贸易的新亮点和增长点。

上海市商务委员会总经济师张国华先生认为，上海作为中国最大的经济中心城市，始终肩负着服务国家参与全球经贸治理的重要使命。当前全球经贸治理体系正在发生深刻的变革，新的国际秩序正在孕育。正如习近平主席多次讲的那样，世界正面临百年未有之大变局。全球贸易格局正在发生深刻的变化，另一方面，经济全球化格局也在发生重大的变化，同时新的科技革命对全球供应链、产业链、价值链也在产生深刻的影响。随后，张国华先生与来宾分享了上海不断扩大开放，服务国家参与全球经贸治理的一些重要实践举措。他表示，上海将责无旁贷地继续推进落实好服务"一带一路"桥头堡建设，推进自由贸易实验区建设，办好中国国际进口博览会，加快形成开放型经济的新体制，为国家参与全球经贸治理作出更大的贡献，推动全球经济贸易进入持续繁荣的新时代。

随后，世界贸易组织讲席特聘教授、贸易谈判学院院长、世界贸易组织讲席（中国）研究院院长、上海高校智库国际经贸治理与中国改革开放联合研究中心主任张磊教授主持了"2019 年世界贸易报告英文版中国发布仪式"。

《世界贸易报告》是 WTO 最重要的年度研究成果之一，也是世界贸易发展的重要风向标。该报告由 WTO 经济研究与统计司负责撰写，而自 2013 年 9 月起，来自中国的易小准大使就任 WTO 副总干事，分管经济研究与统计司，因此，这一报告是直接在他领导下产生的。这是《世界贸易报告》与中国的特殊情缘，也体现了中国对于世界贸易组织的贡献。

今年报告选择的主题是"服务贸易新前沿"。世界贸易组织首席经济学家、经济研究与统计司司长 Robert Koopman 先生，商务部政策研究室徐清军副巡视员，对外经济贸易大学国家对外开放研究院院长林桂军教授，国际货币基金组织首席代表 Alfred Schipke 先生作为特邀嘉宾，分别发表了专题演讲。

Robert Koopman 先生首先肯定了张磊院长作为 WTO 讲席教授，对中国 WTO 事业的发展所作出的贡献。他随后通过数据分析的方式，进一步分享了全球服务贸易的最近发展状况，展示了未来服务贸易走向。徐清军副巡视员从全球治理、全球经济治理、国际经贸治理三个关键词说起，详细阐述了 WTO、中国当下的经济贸易环境和发展方向。Alfred Schipke 先生从货币基金组织的角度出发，提出要专注服务业的发展以及促进服务业进一步扩大开放，同时祝贺 2019 世界贸易报告的发布，预祝 2019 国际经贸论坛取得圆满成功。

下午的议程围绕"投资便利化及世贸组织相关谈判""电子商务以及世贸组织电子贸易工作"两个议题展开。世界贸易组织首席经济学家、经济研究与统计司 Robert Koopman 司长主持了议题一的讨论，中国国际贸易学会金旭会长，联合国亚太经社理事会 Mia Mikic 司长，中国常驻日内瓦联合国代表团前副代表周小明先生，以及上海对外经贸大学贸易谈判学院江清云副教授参与讨论。

金旭会长首先围绕中国营商环境的上升发表讲话，并分享了他对于中国贸易环境的亲身经历与认识，向与会嘉宾传达了对"中国效率"的理解。随后，Mia Mikic 司长进行了发言。她首先表示很荣幸和上海对外经贸大学继续展开合作，并感谢大会为嘉宾们提供一个交流观点的平台。Mia Mikic 司长主要围绕投资、治理、可持续发展三个方面开展演讲，包括投资的经济环境、世界贸易组织以及其他重要经贸治理平台。周小明先生则从世贸组织改革谈起，论述了不同改革议题的集中意见，包括改革上诉机构、制定新的贸易规则以及提高工作效率等。他表示，世贸组织改革是将会是一个漫长的过程，发展中国家成员与发达国家成员利益对立、美国因素、中国因素以及 WTO 决策机制这四个因素将成为世贸组织改革的四大障碍。最后，江清云副教授围绕中国的投资便利化展开讨论，主要提到中国在实践中提出的一些倡议以及工作中面临的挑战，并就此分析了中国进行投资便利化的举措，以及中国在参加全球治理议题中发挥的作用。

短暂的休息后，上海对外经贸大学贸易谈判学院、世界贸易组织讲席（中国）研究院副院长应品广副教授主持了议题二的研讨。经济合作与发展组织（OECD）贸易政策分析专家 Silvia Sorescu 女士、商务部国际贸易经济合作研究院学术委员会主任、中国国际贸易学会副会长李钢先生、上海市电子商务促进中心李悦主任、上海市商务发展研究中心黄宇主任参与研讨。

　　Silvia Sorescu 女士首先提到数字化这一话题，并和与会来宾分享了近年来数字领域里的贸易发展情况，以及政策趋势走向，就如何更好地支持全球层面或区域层面的多边发展体系发表了看法。随后，李钢先生进一步阐释了数字贸易和电子商务的关系。他表示，数字贸易和电子商务是高度关联的。之后，李钢先生从全球和中国数字贸易发展趋势两方面发表了讲话，针对中国未来数字贸易的发展提出了一些具体的应对措施，期望能够借力"一带一路"倡议当中共商、共建、共享过程，实现数字贸易的中国样本推进，达成共识、形成规则，为跨境电子商务乃至更广泛数字贸易发展作出更大的努力。李悦主任立足"互联网+"的时代背景，提出贸易便利化是推动贸易自由化一个重要的因素。"互联网+"在我国国际贸易发展中已经发挥着不容忽视的作用，将不断推动我国国际贸易向全球化发展，形成国际贸易全球的新格局，也将不断推动企业自身创新能力的提升。最后，黄宇主任表示，数字化话题确实是时代发展的特征，已经成为全球电子商务发展一个新的方向，而全球商业创新也成为数字化驱动之后另一个巨大变革。随后，她结合自己的研究领域以及上海市商务发展研究中心的调研结果，同与会来宾做了案例分享。

　　世界贸易组织首席经济学家、经济研究与统计司司长 Robert Koopman 先生，我校科研处处长陈子雷教授发表了研讨总结和闭幕致辞，并祝贺本次论坛的成功举办。

　　来自全国各地高校、科研院所、企业的嘉宾和本校的专家学者及学生 150 余人参加了此次会议。多家媒体参与了此次会议并作了专题报道。

附录 1　世界贸易组织讲席计划（WCP）
WTO Chairs Programme

世贸讲席简介及申请过程

　　世界贸易组织讲席计划（WTO Chairs Programme，简称 WCP）旨在通过在全球范围内选拔设立世贸组织讲席（学术带头人）并与之长期合作、资助讲席主持人的学术活动以此推动国际贸易和贸易合作领域的教育、研究和信息传播，加强发展中国家的学术界、公众、政策制定机构对贸易体制的认知和理解。世贸组织秘书处在提供技术援助时会将这些机构视为官方合作伙伴。

　　2008 年 10 月 7 日至 8 日，世贸组织秘书处邀请上海对外经贸大学 WTO 研究教育学院院长张磊教授作为中国正式代表参加了该组织举办的"全球学术网络构建和学术支持动议"会议，即世贸组织讲席的预备会议，会议的宗旨主要是征求专家意见，如何在全球范围内分享与世贸组织秘书处的学术资源和经验，建立和确认世贸组织在全球的学术网络布点。该项目拟在全球范围内根据国别选择学术带头人，由世贸组织秘书处对其提供资助。

　　2009 年 3 月 4 日，世贸组织秘书处在官网发布世贸组织讲席公开竞争申请通告。经有关方面同意，张磊教授作为中国成员代表申请。在此之前，张磊教授已经与世界贸易组织有过三次成功的合作：2005 年至 2006 年，张磊教授任世贸组织秘书处为其专设的中国项目首位访问学者；2007 年 5 月，在商务部世界贸易组织司的大力支持下与 WTO 秘书处成功举办了"2007 中国大学教授和专家学者 WTO 事务高层研讨会"。该研讨会是 WTO 成立以来第一次与中国大学联合主办的学术会议；同年 10 月份，世贸组织又专门派出两位专家到上海对外经贸大学展开了"中国大学教授 WTO 专业方向研究生课程开发项目"，与张磊教授一道开发了国内唯一一套 WTO 方向研究生课程体系。

　　此次讲席申请过程竞争非常激烈，启动后全球共有近 70 个国家的大学提出了申请。世贸组织秘书处专门邀请了全球 WTO 领域内的 22 位著名学者组成顾问委员会，负责对各教授提出的讲席申请书进行严格的国际同行评议，其中包括讲席依托学校的基本情况、讲席计划的设计内容、讲席主持人的教育背景、国际学术交流经历、学术成果等。经顾问委员会综合评议，2009 年 11 月 13 日，世界贸易组织秘书处技术与培训司司长 Hakim Ben Hammouda 先生、经济研究与统计局局长 Patrick Low 先生联合致函张磊教授告知申请顺利成功。此举意味着张磊教授荣获世贸组织历史上首批讲席教授（WTO Chair），上海对外经贸大学成为世贸组织（含关贸总协定）历史上的首批世贸讲席依托院校，张磊教授也成为由世贸组织秘书处培养的 12 名国际学术带头人之一。

世贸组织自此开始向张磊教授世贸讲席提供为期 8 年的项目资助，并在学术资源、人力资源、科研成果传播和共享等方面提供全方面支持，22 名顾问委员会成员也将适时地对讲席计划的实施进行监督和指导。同时，秘书处指定原总干事办公室主任 Arancha Gonzalez 女士等三人为张磊教授的协调人。

中国世贸组织讲席工作的主要内容及成就

为了支持发展中国家的学术机构和相关学者的工作，世贸组织讲席计划的工作内容可具体表现为课程研发、教学、科研和信息传播。

根据此项宗旨，上海对外经贸大学讲席工作将工作重心放在以下三个支柱：科研；课程开发和教学；信息传播、学术交流等外展活动。

（一）科研

讲席主持人必须承担学术研究项目，并邀请初级研究人员共同参与，以期为年轻学者提供更多的学习和研究机会，同时注重将中青年学者培养为国际学术带头人。世贸组织讲席计划希望科研重心能够偏向扩大专门知识的研究和解释现有研究政策重要性的研究。上海对外经贸大学讲席在研究方面主要集中于多边贸易体制及政策、世贸组织争端解决机制、世贸组织贸易政策审议和 GTAP（全球贸易分析项目）方向，每年发表有关论文和相关著作。

在第一期讲席建设中，上海对外经贸大学讲席共完成了 26 本专著（含译著）、87 篇论文（含英文）、28 项科研项目（包括 3 项国家级项目、15 项省部级项目）。

（二）研究生课程开发和教学

在课程开发和教学方面，主要是由世贸组织秘书处和国际著名大学帮助上海对外经贸大学进一步开发 WTO 方向研究生课程、贸易政策课程以及其他与世贸组织有关的课程，并建立世界贸易组织寄存图书馆（第一家为国家图书馆）和资料中心。讲席还与业内研究生项目权威机构西班牙巴塞罗那大学和瑞士世界贸易学院建立了合作。在第一期讲席建设中，上海对外经贸大学讲席共开发出版了 4 本教材，并选送 5 名研究生到世界贸易组织秘书处实习，并有 10 余位研究生同学前往瑞士伯尔尼大学、瑞士洛桑大学、西班牙巴塞罗那大学等国外大学攻读学位，或前往美国普度大学、美国乔治城大学、香港大学、香港中文大学等进行短期培训。

（三）信息传播、学术交流等外展活动

讲席院校还需加强与世贸组织讲席计划下的其他学术机构的学术合作，这些合作包括联合研究、讲学和互访交流的合作协议等。

讲席主持人每年参加美国乔治城大学法律中心举办的 WTO 法与政策年会；在信息传播方面，上海对外经贸大学每年召开全国 WTO 专业方向研究生暑期学校；每年召开中国 WTO 争端解决机制研究中心年会。在第一期讲席建设中，上海对外经贸大学成为若干国际学术组织和机构成员，包括联合国贸易和发展会议虚拟学院（成员）、日内瓦国际贸易与可持续发展中心（中国合作伙伴）、联合国亚太经社理事会亚太贸易研究和培训网络（成员）等，并受世界贸易组织援助建成"WTO 资料中心"，包括纳入全球"WTO 资料中心（RC）"网络、建设中国 WTO 资料高校托管（保存）中心、提供 WTO 相关信息和数据、建立 WTO 数字学习中心、WTO 资料中心学科馆员培训等内容。

上海对外经贸大学世贸讲席工作被前任总干事多次点名表扬，秘书处认为张磊教授领导的讲席工作是一个典型的成功故事。在上海对外经贸大学与世贸组织联合举办的"世贸组织 20 周年暨主题报告发布仪式"国际研讨会上，世界贸易组织易小准副总干事特别肯定了上海对外经贸大学作为讲席依托院校以及张磊教授作为讲席特聘教授在帮助发展中国家参与多边贸易体制中发挥的积极和重要作用。

世贸组织高度评价上海对外经贸大学世贸组织讲席成为中国 WTO 事务的"卓越中心"

2019 年 9 月 26 日，世界贸易组织（WTO）发布世贸组织讲席项目评估报告，上海对外经贸大学世贸组织讲席在此次评估取得了优异成绩，世贸组织称上海对外经贸大学两个世贸组织讲席计划承担单位贸易谈判学院和世贸组织讲席（中国）研究院锐意进取，晋身中国最重要的 WTO 研究和教学培训机构之列，在所有世贸组织讲席中成果最突出，作为中国 WTO 事务卓越中心（center of excellence）实至名归。

世贸组织采取公开招标邀请第三方评估机构实地评估和国际同行评议的方式对全球 19 个世贸组织讲席计划进行总体绩效评估。4 月中旬，英国评估机构对上海对外经贸大学实施第三方实地评估。评估方实地考察了上海对外经贸大学世贸组织讲席（中国）研究院和贸易谈判学院，与世贸组织讲席管理团队进行了座谈，考察了论文发表和课程设置情况，抽查了校友就业情况，与部分在校研究生和毕业研究生进行了座谈，并访问了中国有关高校、研究机构和政府官员。

根据该评估报告，在中国讲席计划的执行期间（2014 年～2018 年），中国世贸组织讲席团队发表了 164 篇学术论文（不含决策咨询报告）；设立了世界贸易组织法硕士点、国际经贸规则本科专业以及国际商务硕士项目（国际经济组织方向，与国际经贸

学院合作）；在信息传播和国际合作方面，举办了 100 多场学术讲座和论坛，与比利时布鲁塞尔自由大学合作培养法学（国际经济法方向）博士并与比利时外交学院合作开展硕士研究生互换交流，与本领域旗舰学校瑞士伯尔尼大学世界贸易学院签署了合作协议，目前已有 3 名研究生在该校就读；成为联合国贸发会（UNCTAD）虚拟学院成员和联合国亚太经社理事会贸易培训网络（ARTNeT）成员，并实质性展开了合作。

世贸组织最终评估报告指出：上海对外经贸大学贸易谈判学院和世贸组织讲席（中国）研究院已晋身中国最重要的 WTO 研究和教学培训机构之列，这一点在中国和亚太地区内得到了公认；在所有世贸组织讲席中成果最突出，特别是在成果发表和信息传播方面，并且在中国公共部门和私营部门中的重要性得到了显著提升；规模不断扩大，逐渐涵盖了 WTO 全部技术领域。世贸组织讲席（中国）研究院已成为上海乃至全国卓越的 WTO 研究机构，并与各级相关政策制定者有着定期、积极和持续的接触；对中国贸易政策的影响取得了显而易见的效果（例如竞争政策改革、世贸组织改革等）。中国讲席信息传播方面的活动得到了包括高层人士在内各方的广泛参与和赞赏。

据悉，世贸组织正在积极推进新一轮世贸组织讲席计划。贸易谈判学院和世贸组织讲席（中国）研究院已经着手制定新的中国讲席计划规划方案。

国际经贸治理与中国改革开放联合研究中心
Shanghai Center for Global Trade and Economic Governance(SC-GTEG)
Shanghai University of International Business and Economics, A member of Shanghai University Think-Tanks

附录2 上海高校智库上海对外经贸大学
国际经贸治理与中国改革开放联合研究中心
Shanghai University of International Business
and Economics
Shanghai Center for Global Trade and Economic
Governance（SC-GTEG）

上海对外经贸大学国际经贸治理与中国改革开放联合研究中心（以下简称"智库"）成立于 2013 年，是上海市教育委员会批准设立的首批高校智库之一。智库致力于建设具有较大影响力和国际知名度且具有中国特色、中国风格、中国气派的高端智库，推动科学决策、民主决策，推进国家治理体系和治理能力现代化、增强国家软实力。

智库聚焦国际经贸治理领域，以中外合作为基础，以世界贸易组织讲席（WCP）为学术支撑，集合了世界贸易组织（WTO）、联合国贸易和发展会议（UNCTAD）、国际贸易中心（ITC）等国际组织、研究机构的研究力量，与国际学者、国际组织、国际智库的研究保持同步，为我国实行更加积极主动的开放战略、完善互利共赢、多元平衡、安全高效的开放型经济体系和参与国际经贸治理献计献策。

目前，智库不仅实现了实体化的管理机制，建立起一整套规章管理制度，还在决策咨询、战略研究、国际交流和社会影响方面取得了诸多突破。

在制度建设方面，学校专门制定《上海对外经贸大学非常设科研机构（智库）管理办法》，对智库的设立、审批、管理、考核等进行专门规定，建立实体化管理机制。智库同时制定了《理事会章程》、《特聘研究员管理办法》和《与企、事业、机关等单位互派人员挂职的管理办法》等 11 项具体规定，建立成果年度发布和专报制度，并成立智库理事会和学术委员会，通过制度化方式制定中长期发展规划和确定研究方向。智库目前已形成约 30 人固定研究队伍，并拥有 10 余位国外兼职研究专家，涉及经济学、法学、国际关系等多学科门类，开展交叉学科研究。

在决策咨询方面，智库对接国家有关部门，完成了多项定向发布的应急课题，报送了大量决策咨询报告，其中多篇报告得到有关领导的首肯和批示，还有多篇报告被有关内参录用。

在战略研究方面，智库围绕 WTO 改革、"一带一路"、大区域主义、自贸港区和国际贸易中心等下设 9 个研究室，形成专门研究团队。智库积极开展全局性、战略性和前瞻性研究，多次承接国家有关部门应急研究项目，受邀参加 G20 智库 T20 网络活动，参与 G20 峰会相关贸易议题研究。

在国际合作方面，智库参与我国唯一 WTO 讲席计划，智库主任张磊教授为我国唯一 WTO 讲席特聘教授，参与 WTO 学术管理。智库还吸引国际一流专家参与研究工作，并受邀参与国际组织技术援助，每年与国际机构联合举办学术研讨会。

在社会影响方面，智库标志性成果不断丰富，每年出版《中国世界贸易组织评论》和《国际经贸治理评论》等刊物，每月发布《国际经贸治理动态》，在《国际商报》等媒体开设"国际经贸治理"专栏。智库还被中国服务贸易协会授予"全国服务贸易创新研究基地"。2017 年，智库入选中国社会科学院中国社会科学评价研究院遴选的"中国智库综合评价核心智库榜单"；2018 年，智库入选"中国智库索引"（CTTI）高校智库百强榜单，成为全国"A 区高校智库"。

智库工作得到了我国商务主管部门、国际组织或国际同行的充分肯定。

附录 3 《国际经贸治理评论》约稿启事

上海对外经贸大学国际经贸治理与中国改革开放联合研究中心（以下简称智库）成立于 2013 年，是上海市教育委员会设立的首批高校智库之一。智库以中外合作为基础，以世界贸易组织讲席为学术支撑，集中了世贸组织、联合国贸发会议、联合国亚太经社理事会、国际贸易和可持续发展中心以及国内外知名大学、研究机构以及智库的研究力量，以国内外研究团队联合研究为主要工作方式。目前，智库不仅实现了实体化的管理机制，建立起一整套规章管理制度，还在决策咨询、国际交流和社会影响方面取得了诸多突破。

为了进一步提升中国学者在国际经贸治理方面的学术影响力，为我国实行更加积极主动的开放战略以及完善互利共赢、多元平衡、安全高效的开放型经济体系并参与国际经贸治理献计献策，智库于 2016 年创办《国际经贸治理评论》（以下简称为《评论》），以此构建一个全新的观点交流平台，容纳来自不同领域的关于国际经贸治理的真知灼见。

《评论》以一年一辑的形式出版，现向全社会公开征集稿件。所有稿件一经录用，编辑部将根据稿件质量支付稿费 2000 元～5000 元，特别优秀的稿件还将给予额外奖励，实行"优稿优酬"原则。热忱欢迎来自学术界、实务界、政府部门以及其他各界对国际经贸治理和中国改革开放相关问题感兴趣的人士来稿。

《评论》聚焦国际经贸治理和中国改革开放，投稿可围绕（但不限于）以下方面展开：

1. 全球多边贸易体制的发展趋势和应对（含贸易、气候、可持续发展）
2. 国际经贸领域的"区域主义"（含 TPP／TTIP／RCEP 等）
3. "一带一路"相关问题
4. 自贸区、自贸港相关问题研究
5. 上海"五个中心"建设
6. 国际经贸治理中的知识产权、国有企业、竞争政策、劳工政策等新兴议题

来稿请以电子邮件的方式惠寄至以下地址：maoyitanpan@ 126. com。也可投稿至：上海市长宁区古北路 620 号综合楼 416 室，《国际经贸治理评论》编辑部；邮编：200336；电话：021- 5206 7321。

附：投稿要求

一、内容紧扣国际经贸治理和中国改革开放主题、论证充分、结构严谨、文字精

练，富于理论和实践价值。

二、稿件字数在 1 万~2 万字（包括注释，特别优秀的论文可适当增加字数）。所有稿件请用 word 文件的电子版，并保证照片与图表的清晰度。

三、提供 300 字以内的文章摘要和 3 个~5 个关键词，文章摘要应包括：论文所研究的主要问题、得出的基本结论以及提出的主要政策建议。

四、提供作者通信地址、联系电话、电子邮箱，以便联系。

五、作者需严格遵守学术规范，文责自负。编辑部有权对采用稿件做必要修改，如不同意请在来稿时声明。

六、格式符合本刊要求，具体格式如下：

（一）标题

主标题：居中，黑体小二号，加粗，段前 0.5 行，段后 0.5 行
副标题：居中，华文中宋三号，加粗，段前 0.5 行，段后 0.5 行
作者姓名：楷体四号、居中

（二）提要

正文前须附"内容提要"与"关键词"，左空两格，楷体五号字。内容提要为文章主要观点之提炼，字数在 200 字左右；关键词一般为 3 至 6 个。

（三）正文

字号为五号，汉字字体为宋体，数字、字母为 Times New Roman，行距 1.5 倍
一级标题为"一、二、三"，宋体小四加粗
二级标题为"（一）、（二）、（三）"，宋体小四
三级标题为"1.2.3."，Times New Roman 小四
页面设置：上空 37mm、下空 35mm、左空 28mm、右空 26mm

（四）注释

作者身份与论文引用请以脚注方式注明，每页重新编号，注码样式为：①②③等，脚注文本采宋体小五号。请注明作者姓名、学位、职称（职务）、单位及详细联系方式等个人资料。

非直接引用原文时，注释前加"参见"；非引用原始资料时，应注明"转引自"。
引用自己的作品时，请直接标明作者姓名，不要使用"拙文"等自谦辞。

（五）注释举例

1. 著作类
①胡长清：《中国民法总论》，中国政法大学出版社 1997 年版，第 20 页。

2. 论文类

① 苏永钦："私法自治中的国家强制"，载《中外法学》2001 年第 1 期。

3. 文集类

① ［美］J. 萨利斯："想象的真理"，载 ［英］ 安东尼·弗卢等：《西方哲学演讲录》，李超杰译，商务印书馆 2000 年版，第 112 页。

4. 译作类

① ［法］卢梭：《社会契约论》，何兆武译，商务印书馆 1980 年版，第 55 页。

5. 报纸类

① 刘均庸："论反腐倡廉的二元机制"，载《法制日报》2004 年 1 月 3 日。

6. 古籍类

① 《史记·秦始皇本纪》。

7. 辞书类

① 《新英汉法律词典》，法律出版社 1998 年版，第 24 页。

8. 外文类

依从该文种注释习惯。

声　明　　1. 版权所有，侵权必究。

　　　　　　2. 如有缺页、倒装问题，由出版社负责退换。

图书在版编目（ＣＩＰ）数据

国际经贸治理评论/张磊主编. —北京：中国政法大学出版社，2021.1
ISBN 978-7-5620-9829-4

Ⅰ.①国… Ⅱ.①张… Ⅲ. ①国际贸易－研究 Ⅳ.①F74

中国版本图书馆 CIP 数据核字(2021)第 014266 号

出 版 者	中国政法大学出版社
地　　　址	北京市海淀区西土城路 25 号
邮寄地址	北京 100088 信箱 8034 分箱　邮编 100088
网　　　址	http://www.cuplpress.com (网络实名：中国政法大学出版社)
电　　　话	010-58908285(总编室) 58908433 （编辑部） 58908334(邮购部)
承　　　印	北京朝阳印刷厂有限责任公司
开　　　本	787mm×1092 mm　1/16
印　　　张	11
字　　　数	229 千字
版　　　次	2021 年 1 月第 1 版
印　　　次	2021 年 1 月第 1 次印刷
定　　　价	55.00 元